JN493116

능력중심사회
NCS기반의

문제해결 능력

이애화

양성원

불법복사는 지적 재산을 훔치는 범죄행위입니다.

저작권법 제136조(권리의 침해죄)에 따라 위반자는 5년 이하의 징역 또는 5천만 원 이하의 벌금에 처하거나 이를 병과할 수 있습니다.

머리말

기업은 직무 상황에 적합한 지식과 경험을 갖춘 사람을 찾고 있다. 그러나 사회는 빠르게 변하고 있어서 대학 졸업자들이 입사할 때면 그들이 배웠던 것들이 무용지물이 되고 있다. 이것은 대학에서 배운 지식과 경험이 제1의 능력으로 간주할 수 없다는 것을 시사한다. 더 중요한 것은 새로운 것을 배우고 이를 직무 상황에 적용시키려는 능력이다. 즉, 학교에서 배운 지식, 기술 등 하드스킬을 넘어서 문제해결, 비판적 사고, 창의력 등 소프트기술을 더불어 갖추어야 한다는 것을 의미한다.

현대사회에서는 우수한 인적자원의 효율적인 양성을 위한 방안으로 모든 전공에 걸쳐 공통적으로 요구되는 대학생들의 핵심역량이자 노동시장에 참여하기 위해 필수적으로 요구되는 직업기초능력을 강조하고 있다. 직업기초능력은 산업현장의 수요를 반영하고 급변하는 직무환경에 대처할 수 있는 실무지향적 인재 양성을 목표로 하는 능력으로, 어떠한 직무상황에도 누구나 공통으로 갖추어야 할 자질과 능력을 말한다.

특히 기업은 예비직장인들에게 직무 수행에서 발생하는 여러 문제들을 해결할 능력을 요구하고 있다. 끊임없는 문제상황에 직면하여 관련 정보를 효과적으로 수집, 활용하여 문제해결을 할 수 있는 능력을 요청하고 있다. 그래서 예비직장인인 대학생들은 직장생활에서 문제 상황이 발생하였을 경우, 창조적이고 논리적인 사고를 통한 문제해결능력을 배양하도록 직업기초능력을 학습하고 있다.

직무 상황에서 직면하는 문제들은 조직 내 개인 수준, 조직과 팀 수준, 고객에 대한 수준 등 여러 수준에서 발생하고 있다. 직무 상황에서 발생하는 문제에 대한 해결은 문제해결의 사고나 과정이나 기법 등에 대한 지식과 노하우뿐만 아니라 문제와 연관된 여러 요인에 해당되는 능력들도 필요로 한다. 즉, 조직 구성과 운영 상 문제나 조직 개인의 사기나 동기 문제는 조직이해능력을, 조직 내 구성원이나 고객과의 갈등 해결을 위해서는 대인관계능력을, 문제해결을 위한 정보와 방법을 탐색하고 분석하기 위해서는 정보 및 수리 능력을, 문제해결에 대한 적절한 전달과 표현을 위해서는 의사소통능력을 필요로 한다.

이러한 점에서 본서는 문제해결에 국한된 구성을 하고 있는 산업인력공단의 매뉴얼이나 다른 관련 서적과는 달리 문제해결능력과 관련된 다른 직업기초능력의 하위요인들과 연계 및 종합하려는 시도를 하였다. 다시 말해, 본서는 전술한 바와 같이 조직 구성 및 운영상의 문제해결을 위해서 조직이해능력, 직원과 고객과의 갈등 해소를 위해서 대인관계능력, 문제의 원인과 문제해결 대안에 대한 적절한 보고와 표현을 위해서 의사소통, 문제해결 정보 수집과 분석을 통한 자료 제작 등을 위해 정보 및 수리 능력 등과 결부되어야 한다는 관점을 지향한다.

본서는 제4부 총11장으로 구성되어 있다. 제1부는 직무능력과 문제해결능력을 다루며, 직무능력표준과 직업기초능력의 이해(1장), 문제해결능력의 이해(2장), 문제해결을 위한 사고(3장), 문제해결 과정과 기법(4장)이 소개된다. 제2부는 문제해결을 위한 조직이해 및 대인관계능력을 다루며, 조직이해와 문제해결(5장), 대인관계와 문제해결(6장), 고객관리와 문제해결(7장)이 제시된다. 제3부는 문제해결을 위한 의사소통능력을 다루며, 문제해결을 위한 의사소통능력과 방법(8장), 문제해결을 위한 의사표현능력(9장)을 포함한다. 제4부는 문제해결을 위한 정보 및 수리능력을 다루며, 문제해결을 위한 정보능력(10장)과 문제해결을 위한 수리능력(11장)을 담고 있다.

또한 본서의 각장별 구성은 기본학습, 학습활동, 종합문제로 이루어진다. 우선, 기본학습은 해당 장의 내용에 대한 기본 지식과 기술 등을 소개하는 것이다. 학습활동은 학습자가 기본학습에서 학습한 내용을 심화학습할 수 있도록 직무 상황 사례나 심리검사 척도 등을 제시하였다. 종합문제는 각 부의 내용에 대한 총괄적인 이해와 적용할 수 있는 정리 문제들을 제시하였다. 본서를 통해서 학습자는 문제해결능력과 함께 그것을 활용하는 여러 장면과 수준에서 적용하는데 필요한 여러 능력들이 함께 배양할 수 있을 것으로 기대한다.

막상 집필을 마치고 나니 이 책에서 다루지 못한 직업기초능력의 다른 요인들과 관련된 문제해결능력도 다루었으면 좋았을 것이라는 아쉬움도 남는다. 이것은 추후 개정판을 통해 보완할 것이다. 또한 본서에 소개된 학습활동과 사례들을 보다 적합하고 다양하게 소개할 필요성도 느낀다. 이것도 추후 보완할 것이다. 이 밖에도 저자에게 부족한 점에 대해 독자들의 따뜻한 질책과 관심이 있기를 기대한다.

끝으로 본서를 출간하도록 허락해 주시고 물심양면 도움을 주신 양성원 강철원 사장님과 본서에 대한 편집과 본서의 구성과 내용에 대해 조언을 아끼지 않은 편집부 선생님들께 감사를 드린다.

2016. 8

저자 이애화 배상

제 2 부 문제해결을 위한 조직이해 및 대인관계능력

제 3 부 문제해결을 위한 의사소통능력

제 4 부 문제해결을 위한 정보 및 수리능력

제 1 부

직무능력과 문제해결능력

제 1 장

직무능력표준과 직업기초능력의 이해

1. 국가직무능력표준

최근 정부는 국가직무능력표준(NCS)을 확정 · 고시했다(고용노동부, 2016). NCS 고시 내용은 24대 직업 분야, 847개 NCS 및 이를 구성하는 10,599개 능력단위 등이다. 국가직무능력표준(National Competency Standards)이란, 산업현장에서 직무를 수행하기 위하여 요구되는 지식 · 기술 · 소양 등의 내용을 국가가 산업부문별 · 수준별로 체계화한 것(자격기본법 제2조)을 말하며, 산업현장이 요구하는 인력양성 지침서다. 교육 · 훈련 등 NCS 활용에 필요한 내용(지식, 기술 등)은 NCS 홈페이지(www.ncs.go.kr)에서 확인할 수 있다.

〈표〉 NCS 24대 분야

01. 사업관리	02. 경영 · 회계 · 사무	03. 금융 · 보험	04. 교육 · 자연 · 사회과학
05. 법률 · 경찰 · 소방 · 교도 · 국방	06. 보건 · 의료	07. 사회복지 · 종교	08. 문화 · 예술 · 디자인 · 방송
09. 운전 · 운송	10. 영업판매	11. 경비 · 청소	12. 이용 · 숙박 · 여행 · 오락 · 스포츠
13. 음식서비스	14. 건설	15. 기계	16. 재료
17. 화학	18. 섬유 · 의복	19. 전기 · 전자	20. 정보통신
21. 식품가공	22. 인쇄 · 목재 · 가구 · 공예	23. 환경 · 에너지 · 안전	24. 농림어업

출처: 고용노동부(2016).

〈표〉 NCS 예시: '빅데이터 분석'

<table>
<tr><th>NCS</th><th>능력단위</th><th>능력단위요소</th><th>수 행 준 거</th></tr>
<tr><td rowspan="5">빅데이터 분석</td><td rowspan="2">빅데이터 분석 기획</td><td rowspan="2">데이터 수집 계획 수립하기</td><td>•데이터 수집 계획에 따라 수집 유형과 방법을 구축하기 위한 시스템 사양을 설계하여 구축할 수 있다.
•데이터 수집 계획에 따라 소프트웨어 아키텍쳐(Architecture)를 구성할 수 있다.</td></tr>
<tr><td>【지 식】
•수집 대상 데이터 특성
•NoSQL(Not Only SQL) 논리적 구조</td></tr>
<tr><td>빅데이터 수집</td><td>빅데이터 수집 시스템 구성하기</td><td>【기 술】
•정보 시스템 및 데이터 인터페이스 설계 기술
•NoSQL(Not Only SQL) 테이블 모델링 설계 및 구축 기술</td></tr>
<tr><td>빅데이터 저장</td><td>데이터 변환하기</td><td rowspan="2">【태 도】
•빅데이터 기술 동향에 대한 지속적인 정보 수집</td></tr>
<tr><td>(생략)</td><td>(생략)</td></tr>
</table>

출처: 고용노동부(2016).

국가직무능력표준은 교육 · 훈련, 자격, 채용 등 다양한 분야에서 활용이 확산되고 있다. 특성화고, 전문대학, 일학습병행 기업 및 공공 · 민간 직업훈련의 교육 · 훈련 과정 편성에 전면 적용되어 산업현장에서 필요로 하는 능력을 갖춘 인력이 양성되고 있다. 국가기술자격에는 컴퓨터응용선반 기능사, 용접 산업기사, 미용사(일반) 등 30개 종목이 NCS 기반 교육 · 훈련 과정을 통해 자격을 취득하는 과정평가형 자격으로 운영되고 있다. 능력중심채용은 2016년 230개 공공기관에서 선도적으로 도입하여 2017년 全 공공기관으로 확대할 계획이다. 민간기업도 직무능력 중심의 능력중심채용 분위기가 조성되고 있다(고용노동부, 2016).

2. 직업기초능력

지식의 축적은 사회적 성공에 이르는 지름길로 여겨지고 있다. 기업은 지식과 경험을 갖춘 사람을 찾고 있다. 그러나 사회는 빠르게 변하고 있어서 대학 졸업자들이 입사할 때면 그들이 배웠던 것들이 무용지물이 되고 있다. 이것은 대학에서 배운 지식과 경험이 제 1의 능력으로 간주할 수 없다는 것을 시사한다. 더 중요한 것은 새로운 것을 배우고 이를 직무 상황에 적용시키려는 능력이다. 또한 지식과 경험을 배우는 장소와 방법도 다양해졌다. 요즘은 디지털 기기와 인터넷만 있으면 지식을 얻을 수 있다. 얼마나 아느냐보다는 아는 것으로 무엇을 할 수 있느냐가 더 중요한 시대가 되었다. 그리고 주어진 문제를 분석하고 창의적으로 문제를 해결하여 새로운 가능성을 제시할 수 있는 능력을 강조하고 있다. 이를 위하여 비판적 사고나 협력, 소통능력 또한 중요하다.

한 기업가가 “직원들을 일단 뽑아서 가르치면 됩니다. 업무 내용이 계속 바뀌니까 그렇게 해야만 하죠. 하지만 ‘사고하는 법’까지 가르칠 수는 없어요. 올바른 질문을 던지고 리드하는 능력은 가르쳐서 되는 것이 아니니까요.”라고 하였다. 이것은 학교에서 배운 지식, 기술 등 하드스킬을 넘어서 문제해결, 비판적 사고, 창의력 등 소프트기술을 더불어 갖추어야 한다는 것을 의미한다. 그래서 대학에서는 한 개인이 직무상황에 적용할 수 있는 직업기초능력을 강조하고 있다.

직업기초능력에 대한 사회적 관심이 기업뿐만 아니라 교육현장에서도 중요하게 인식되면서 국내에서는 1990년대 후반부터 직업능력인증제 도입, 직업기초능력에 관한 교육과정 분석, 직업기초능력 강화방안, 직업기초능력관련 교과목 개발 등 다양한 연구가 이루어지고 있다. 직업기초능력은 노동시장 구조의 급격한 변화와 평생직장 개념이 희박해지고 평생직업 시대가 열리는 상황에서 학교교육과 산업현장에서 요구하는 직무수행능력과의 불일치에 따른 실효성을 제고하고, 스펙이 없더라도 능력을 갖춘 인재들이 채용될 수 있는 ‘학벌이 아닌 능력중심 사회’를 구현하며, 실무중심 위주의 직업훈련 확산 및 기업의 인사관리에 적용함으로 기업의 핵심인재를 발굴할 수 있다.

〈표〉 직업기초능력의 개념

연구자	개념
이종범 외(2008)	대부분의 직업에서 직무를 성공적으로 수행하는데 필요한 기본적이고 공통적인 역량으로 직무환경의 변화에 능동적으로 적응하는데 요구되는 능력
정철영(1998)	직종이나 직위에 상관없이 대부분의 직종에서 직무를 성공적으로 수행하는데 공통적으로 필요한 능력
진미석 외(2007)	예비 사회인인 대학생이 미래에 어떤 직업에 종사하더라도 반드시 갖추어야 하는 핵심적인 기초능력
홍아정, 조윤성, 박치경(2015)	미래사회에 적극적이고 능동적으로 대응 가능하며, 성공적인 직업인으로 활동하기 위해 필요한 일과 삶 영역 전반의 공통적 핵심역량과 고등수준 인지역량의 총합

직업기초능력은 산업현장의 수요를 반영하고 급변하는 직무환경에 대처할 수 있는 실무지향적 인재 양성을 목표로 하는 능력으로, 어떠한 직무상황에도 누구나 공통으로 갖추어야 할 자질과 능력을 말한다. 또한, 그것은 개인의 고용 가능성을 유지하고 실천하는데 필요한 지식과 기술 및 사회적 관계 속에서 올바른 직무수행을 돕는 태도 등을 포함하는 종합적인 능력이라 할 수 있다. 이러한 직업기초능력은 〈표〉에서 제시한 것처럼 의사소통능력, 수리능력, 문제해결능력, 자기개발능력, 자원관리능력, 대인관계능력, 정보능력, 기술능력, 조직이해능력, 직업윤리와 같이 총 열 가지로 구성되어 있다.

〈표〉 한국산업인력공단에서 제시하는 직업기초능력 개념과 구성요인

영역	개념	하위영역	구성요인
문제해결 능력	직장생활에서 문제 상황이 발생하였을 경우, 창조적이고 논리적인 사고를 통하여 이를 올바르게 인식하고 적절히 해결하는 능력	사고력	창의적사고, 논리적사고, 비판적사고
		문제처리	문제 인식, 대안 선택, 대안 적용, 대안 평가
수리능력	직장생활에서 요구되는 사칙연산과 기초적인 통계를 이해하고, 도표의 의미를 파악하거나 도표를 이용해서 결과를 효과적으로 제시하는 능력	기초연산	과제 해결을 위한 연산 방법 선택, 연산 방법에 따라 연산 수행, 연산 결과와 방법에 대한 평가
		기초통계	과제 해결을 위한 통계 기법 선택, 통계 기법에 따라 연산 수행, 통계 결과와 기법에 대한 평가
		도표분석	도표에서 제시된 정보 인식, 정보의 적절한 해석, 해석한 정보의 업무적용
		도표작성	도표 제시방법 선택, 도표를 이용한 정보 제시, 제시 결과 평가
정보능력	업무를 수행함에 있어 기본적인 컴퓨터를 활용하여 필요한 정보를 수집, 분석, 활용하는 능력	컴퓨터 활용	컴퓨터이론, 인터넷사용, 소프트웨어 사용
		정보처리	정보수집, 정보분석, 정보관리, 정보활용
기술능력	업무를 수행함에 있어 도구, 장치 등을 포함하여 필요한 기술에는 어떠한 것들이 있는지 이해하고, 실제로 업무를 수행함에 있어 적절한 기술을 선택하여 적용하는 능력	기술이해	기술의 원리와 절차 이해, 기술활용 결과 예측, 활용 가능한 자원 및 여건 이해
		기술선택	기술 비교, 검토, 최적의 기술 선택
		기술적용	기술의 효과적 활용, 기술적용 결과평가, 기술 유지와 조정
조직이해 능력	업무를 원활하게 수행하기 위해 국제적인 추세를 포함하여 조직의 체제와 경영에 대해 이해하는 능력	국제감각	국제적인 동향 이해, 국제적인 시각으로 업무 추진, 국제적 상황 변화에 대처
		조직체제 이해	조직의 구조 이해, 조직의 규칙과 절차 파악, 조직 간의 관계 이해
		경영이해	조직의 방향성 예측, 경영조정, 생산성 향상 방법
		업무이해	업무의 우선순위 파악, 업무활동 조직 및 계획, 업무수행의 결과평가
직업윤리	업무를 수행함에 있어 원만한 직업생활을 위해 필요한 태도, 매너, 올바른 직업관	근로윤리	근면성, 정직성, 성실성
		공동체 윤리	봉사정신, 책임 의식, 준법성, 직장 예절

영역	개념	하위영역	구성요인
대인관계 능력	업무를 수행함에 있어 접촉하게 되는 사람들과 문제를 일으키지 않고 원만하게 지내는 능력	팀웍	적극적 참여, 업무공유, 팀구성원으로서의 책임감
		리더십	동기화시키기, 논리적인 의견 표현, 신뢰감 구축
		갈등관리	타인의 생각 및 감정 이해, 타인에 대한 배려, 피드백 제공 및 받기
		협상	다양한 의견 수렴, 협상 가능한 실질적 목표 구축, 최선의 타협방법 찾기
		고객 서비스	고객의 불만 및 욕구 이해, 매너있고 신뢰감 있는 대화법, 고객의 불만에 대한 해결책 제공
의사소통 능력	직장생활에서 문서를 읽거나 상대방의 말을 듣고 의미를 파악하고, 자신의 의사를 정확하게 표현하고, 간단한 외국어 자료를 읽거나 외국인의 간단한 의사표시를 이해하는 능력	문서이해	문서 정보 확인 및 획득, 문서 정보 이해 및 수집, 문서 정보 평가
		문서작성	작성 문서의 정보 확인 및 조직, 목적과 상황에 맞는 문서 작성, 작성한 문서 교정 및 평가
		경청	음성 정보와 매체 정보 듣기, 음성 정보와 매체 정보 내용 이해, 음성 정보와 매체 정보에 대한 반응과 평가
		언어구사	목적과 상황에 맞는 정보 조직, 목적과 상황에 맞게 전달, 대화에 대한 피드백과 평가
		기초 외국어	외국어 듣기, 일상생활의 회화 활용
자원관리 능력	업무를 수행하는데 시간, 자본, 재료 및 시설, 인적자원 등의 자원 가운데 무엇이 얼마나 필요한지를 확인하고, 이용 가능한 자원을 최대한 수집하여 실제 업무에 어떻게 활용할 것인지를 계획하고, 계획대로 업무 수행에 이를 할당하는 능력	시간관리	시간자원 확인, 시간자원 확보, 시간자원 활용계획 수립, 시간자원 할당
		예산관리	예산 확인, 예산 할당
		물적자원 관리	물적자원 확인, 물적자원 할당
		인적자원 관리	인적자원 확인, 인적자원 할당

출처: NCS 매뉴얼(2015).

직업기초능력은 인지적, 정의적, 관계적 영역으로 유형화 할 수 있다. 이는 개인이 어떤 임무를 수행함에 있어서 성공적인 결과를 가져오는 특성으로서 인지적, 감성적, 사회적 양상들이 반영되어 있다는 핵심역량의 개념과도 유사하다(Boyatzis & Saatcioglu, 2008). 다시 말해, 직업기초능력은 복합적이고 상호연관성을 갖는 개념으로, 대학생 개인의 직무수행을 위한 인지적, 감성적, 사회적 능력이 결합한 핵심역량으로 볼 수 있다.

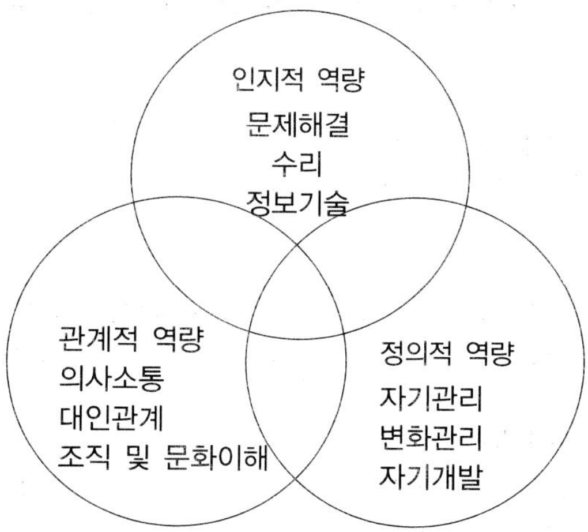

[그림] 직업기초능력의 영역 구성

출처: 주인중 외(2010), p. 110.

학습활동

다음 사례를 참고하여 자신이 기업의 면접관이라고 생각하고 어떤 신입사원을 뽑을지 면접질문 3개를 만들어 보자. 그리고 각 질문과 관련된 역량에 대해서 자신의 수준을 성찰해보자.

[국내 100대 기업 신입사원 면접시 필수 질문 예시]

1. 자기소개

① 3분동안 자기 PR을 해보시오.
② 지금까지 좌절감을 맛본 적이 있습니까?

2. 업무수행능력

① 해당 업무를 수행하는데 있어서 가장 중요한 능력은 무엇입니까?
② 희망 업무는 무엇이며 그 업무를 수행할 수 있는 본인의 능력은?

3. 가치관(인생관)과 직업의식

① 자신이 가장 중요하게 생각하며, 꼭 지키고자 하는 가치관은 무엇인가?
② 당신의 생활신조는 무엇인가?
③ 당신에게 직업은 어떤 의미를 가지는가?
④ 돈, 명예, 일 중에 어떤 것을 택하겠는가?

4. 문제해결능력

① 업무수행중 문제가 발생했을 경우, 어떻게 대처하겠는가?
② 직장 상사 또는 동료와의 의견이 다르거나 갈등이 생겼을 때 대처법은?

5. 대학생활과 교우관계

① 대학생활에서 얻은 것이 있다면 무엇인가?
② 친구는 당신에게 어떠한 존재인가?

6. 기타

지원동기, 취미, 최근 시사문제, 지원한 회사에 대한 정보 등

출처: 고수일(2015).

질문내용	관련 역량	나의 수준	개선 계획

제 2 장

문제해결능력의 이해

직장 생활에서 각 개인은 끊임없이 문제 상황을 직면하며, 이를 위하여 여러 정보를 효과적으로 수집, 활용하여 문제해결을 할 수 있는 능력이 요구된다. 문제해결능력을 이해하기 위해서는 문제, 문제해결이 무엇인지를 알아야 한다.

1. 문제의 의미와 유형

문제는 일반적으로 '해결하기 어렵거나 난처한 대상 또는 그런 일'을 뜻한다(표준국어사전). 또한 문제는 업무를 수행함에 있어서 해결하기를 원하지만 실제로 해결해야 하는 방법을 모르거나, 해답을 얻는데 필요한 일련의 행동을 알지 못한 상태를 말한다(NCS 매뉴얼, 2015). 이처럼 어떤 사람에게 문제란 장애로 정의되며 어떤 사람에게는 도전할 과제로 여겨진다. 그렇다면 문제가 문제로서 어떻게 인식되는가? 현실과 이상 사이에 차이가 있을 때, 즉 우리가 현재 처해 있는 현실과 우리가 원하는 이상적인 상태 사이에 차이가 있을 때 문제는 인식된다. 그것은 해결하기를 원하지만 실제로 해결해야 하는 방법을 모르고 있는 상태나 얻고자 하는 해답이 있지만 그 해답을 얻는데 필요한 일련의 행동을 알지 못한 상태이다. 예를 들면 새 자동차를 갖고 싶은데 돈을 조달할 방법이 없다면 자금 조달이 문제인 것이다. 즉 문제란 앞에 놓여 있는 장애를 의미한다. 따라서 장애를 제거해야 문제가 해결된다.

문제가 발생하는 상황이나 장면을 문제상황(problematic situation)이라고 한다. 문제상황은 목적 지향적인 의도적 행위의 과정이 좌절이나 갈등 등에 의해 방해를 받는 상황을 말한다. 듀이(J. Dewey)에 의하면 문제 상황이란 어떤 사태가 뒤엉켜서 물음표(?)가 붙는 장면 혹은 이미 가지고 있는 지식으로서 적당한 반응을 기대할 수 없는 장면, 지식이나 경험이 일어나기 전에 지도적 가설이 요청되는 장면을 말한다(사회복지학사전, 2009).

학습활동

직업인들은 자신의 업무를 수행하는 동안 다양한 문제 상황에 직면하게 된다. 그러나 정작 자신이 문제에 직면해 있다는 사실을 모르고 지나가 나중에 곤란을 겪는 경우가 자주 있다. 이는 업무 수행중 겪게 되는 문제를 문제로 인식하고 있지 못하기 때문이다. 다음 사례를 통해 최과장에게 발생한 문제는 무엇인지 도출하기 위해 현상(현재의 모습)과 목표(바람직한 상태)의 빈칸을 채워보자.

이때, 문제는 현상과 목표의 차이를 말하며 그 차이는 문제의 발생원인, 문제해결의 장애요소 등을 포함할 수 있다.

경쟁 프레젠테이션을 준비하는 최과장의 사무실은 전쟁을 앞둔 것처럼 긴장감이 맴돈다. 자료구성에서부터 발표까지 프로젝트 책임자인 최과장은 며칠째 밤잠을 설쳐가며 열심히 준비했다. 대학생때부터 갈고 닦은 화려한 파워포인트 실력과 신입사원 시절 프레젠테이션을 준비하느라 고생했던 기억과 노하우로 만들었지만 결과물은 상사들에게 보여줄 때마다 번번이 퇴짜를 맞았다. 반응도 각양각색이었다.

"말이 너무 길어!"
"자네라면 이걸 보고 우리 제품에 어떤 장점이 있는지 알 수 있겠나?"
"애니메이션이 너무 정신없어. 내용이 눈에 안 들어와!"
"프레젠테이션 자료를 눈으로 보지 않고서는 설명을 못하는 건가?"

결국 마무리도 못한 채 최과장은 그 프로젝트에서 빠져야 했다. 이후 최과장은 프레젠테이션 공포증에 시달렸다.

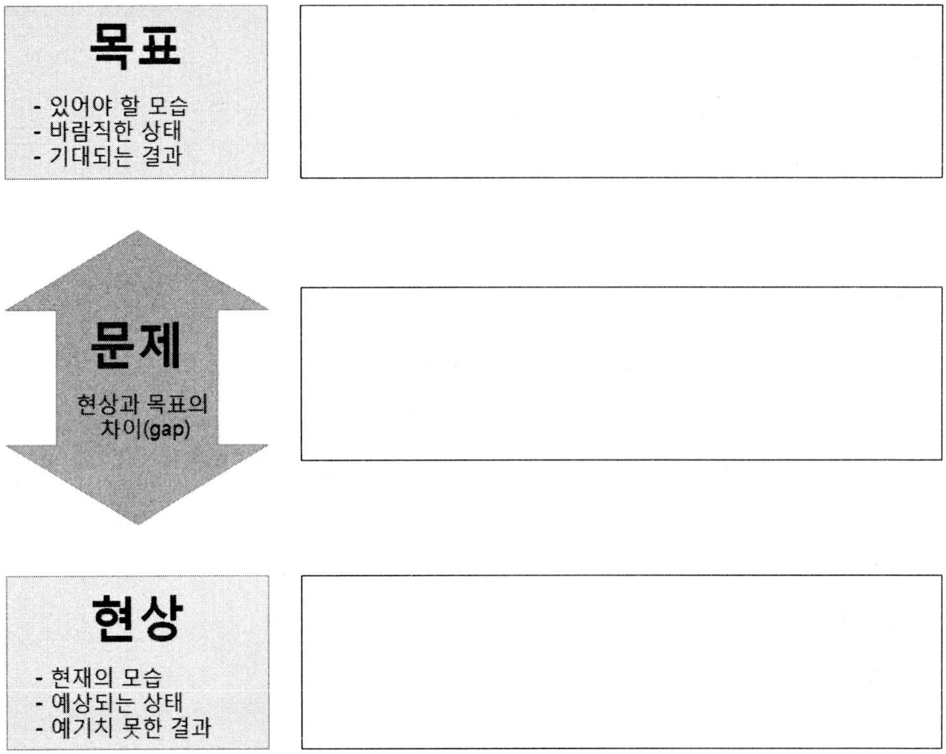

① 현재 어떠한 상황인가?

② 기대되는 바람직한 결과는 무엇인가?

③ 최과장에게 발생한 문제는 무엇인가?

문제를 효과적으로 해결하기 위해서는 먼저 그 문제의 유형이 무엇인지를 파악하는 것이 중요하다. 문제의 유형은 기능, 시간, 해결방법 등에 따라 구분될 수 있다. 기능에 따른 문제 유형으로는 제조 문제, 판매 문제, 자금 문제, 인사 문제, 경리 문제, 기술상 문제 등으로 분류할 수 있다. 시간에 따른 문제 유형는 과거 문제, 현재 문제, 미래 문제 등으로 분류할 수 있다. 또한 해결방법에 따른 문제 유형으로는 분석적 문제와 창의적 문제로 분류할 수 있으며, 문제제시 방법, 해결방법, 해답 수, 주요 특징에 의해서 다음과 같이 구분된다.

〈표〉 문제의 두 가지 유형

구분	창의적 문제	분석적 문제
문제제시 방법	현재 문제가 없더라도 보다 나은 방법을 찾기 위한 문제 탐구로 문제 자체가 명확하지 않음	현재의 문제점이나 미래의 문제로 예견될 것에 대한 문제 탐구로, 문제 자체가 명확함
해결방법	창의력에 의한 많은 아이디어의 작성을 통해 해결	분석, 논리, 귀납과 같은 논리적 방법을 통해 해결
해답 수	해답의 수가 많으며, 많은 답 가운데 보다 나은 것을 선택	답의 수가 적으며, 한정되어 있음
주요 특징	주관적, 직관적, 감각적, 정성적, 개별적, 특수성	객관적, 논리적, 정량적, 이성적, 일반적, 공통적

출처: NCS 매뉴얼(2015).

업무수행과정에서 발생하는 문제는 발생형 문제(보이는 문제), 탐색형 문제(찾는 문제), 설정형 문제(미래 문제)의 세 가지 유형으로 분류할 수 있다.

첫째, **발생형 문제(보이는 문제)**는 우리가 직면하고 있고 문제해결을 위해 고민하고 있는 문제를 의미한다. 이것은 문제의 원인이 내재되기 때문에 원인지향적인 문제라고도 한다.

둘째, **탐색형 문제(찾는 문제)**는 현재의 상황을 개선하거나 효율을 높이기 위한 문제를 의미한다. 탐색형 문제는 눈에 보이지 않는 문제로, 문제를 방치하면 뒤에 큰 손실이 따르거나 결국 해결할 수 없는 문제로 나타나게 된다. 이러한 탐색형 문제는 잠재문제, 예측문제, 발견문제의 세 가지 형태로 구분된다.

① 잠재문제는 문제가 잠재되어 있어 보지 못하고 인식하지 못하다가 결국은 문제가 확대되어 해결이 어려운 문제를 의미한다. 이와 같은 문제는 존재하나 숨어있기 때문에 조사 및 분석을 통해서 찾아야 할 필요가 있다.

② 예측문제는 지금 현재로는 문제가 없으나 현 상태의 진행 상황을 예측이라는 방법을 사용하여 찾아야 앞으로 일어날 수 있는 문제가 보이는 문제를 의미한다.

③ 발견문제는 현재로서는 담당 업무에 아무런 문제가 없으나 유사 타 기업의 업무방식이나 선진기업의 업무 방법 등의 정보를 얻음으로써 보다 좋은 제도나 기법, 기술을 발견하여 개선, 향상시킬 수 있는 문제를 말한다.

셋째, **설정형 문제(미래 문제)**는 장래의 경영전략을 생각하는 경영전략의 문제로 앞으로 어떻게 할 것인가 하는 문제를 의미한다. 설정형 문제는 지금까지 해오던 것과 전혀 관계없이 미래지향적으로 새로운 과제 또는 목표를 설정함에 따라 일어나는 문제로서, 목표 지향적 문제라고 할 수 있다. 따라서 이러한 과제나 목표를 달성하는데 따른 문제해결에는 지금까지 경험한 바가 없기 때문에 많은 창조적인 노력이 요구되는 문제이므로, 설정형 문제를 창조적 문제라고 하기도 한다.

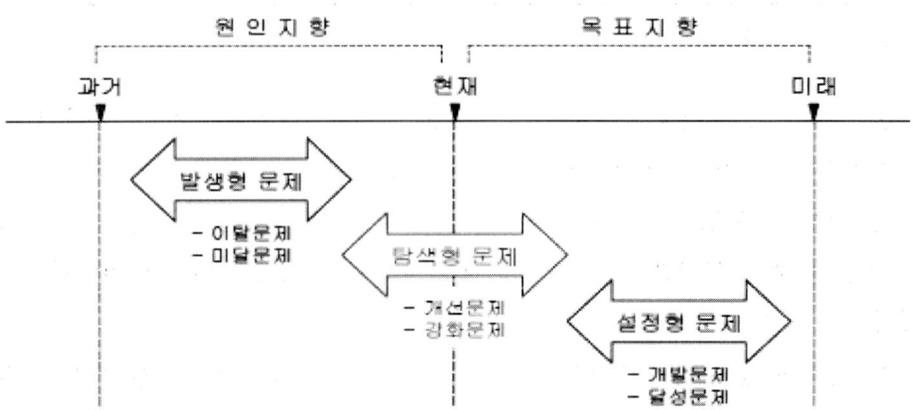

[그림] 문제의 세 가지 유형

출처: NCS 매뉴얼(2015).

학습활동

다음의 사례를 살펴보고 현재 직면하고 있는 발생형 문제인지, 현재 상황은 아니지만 현재 상황을 개선하기 위한 탐색형 문제인지, 장래의 환경변화에 대응해서 앞으로 발생할 수 있는 미래형 문제인지 3가지중 하나로 구분해보고 그 이유를 설명해보자.

[상황 A] 제조부서의 부장 K에게 제품불량에 대한 고객들의 클레임이 발생했다.

[상황 B] 생산부서의 L에게 생산성을 15% 높이라는 임무가 떨어졌다.

[상황 C] 기획부서의 J에게 자동차 생산 분야로 진출하는데 있어서 발생 가능한 문제를 파악하라는 지시가 내려왔다.

[상황 D] 생산부서의 M은 중국에 생산라인을 설치할 때 고려해야 하는 문제들이 무엇인지를 판단해야 하는 상황에 처해 있다.

[상황 E] 경쟁사의 품질 수준이 자사의 품질 수준보다 높다는 신문기사가 발표된 후 자사 상품의 판매부진이 누적되고 있다.

[상황 F] 자사의 자금흐름이 이대로 두면 문제가 발생할 지도 모른다는 판단 하에 향후 1년간 제품판매에 따른 자금흐름에 대한 예측이 요구되었다.

상황	문제의 유형
상황A	
상황B	
상황C	
상황D	
상황E	
상황F	

켜 주십시오.)

⑬ **군중심리에 호소하는 오류:** 군중의 감정에 호소하는 것. 어떤 사람에게 군중을 따라가라고 호소하는 것(모든 사람이 다 그렇게 하지 않는가!).

⑭ **논점 회피의 오류:** 자신의 결론을 암암리에 전제로 사용하는 것(예: 내가 알기로 신이 썼기 때문에 진리인 성격에 신이 존재한다고 씌어져 있음으로 신은 존재한다).

⑮ **순환논증의 오류:** 논점 회피의 오류와 같다(예: 그 방송사의 뉴스는 사실에 관한 한 민을 수 있다. 왜냐하면 그 방송사는 우리는 시청자들에게 사실만을 전달한다고 늘 말하고 있고, 따라서 그 방송사의 뉴스는 틀림없이 사실일 것이기 때문이다).

⑯ **다의성의 오류:** 논증을 하는 도중에 한 용어를 이런 의미에서 저런 의미로 슬그머니 바꾸어 사용하는 것(예: 여성과 남성은 신체적으로나 정서적으로나 서로 다르다. 그렇다면 여성과 남성은 평등하지 않다. 그러므로 법은 남녀가 평등하다고 가정하지 말아야 한다).

⑰ **지나친 일반화의 오류:** 너무 적은 수의 예만 가지고 일반화를 하는 것(학교 친구들이 모두 다 운동선수이거나 경영학 전공자이거나 채식주의자라는 이유만으로 보건대 학생들이 모두 다 운동선수이거나 경영학 전공자이거나 채식주의자라는 결론을 도출하는 것이다).

⑱ **권위주의 오류:** 소크라테스가 이렇게 말했으니 우리도 그렇게 생각해야 한다는 식으로 권위 효과를 잘못 인식하여 생기는 경우

⑲ **잘못된 인과 관계의 오류:** 실제로 관계가 없는 두 사건을 유사한 시간에 일어났다는 이유로 연결하여 생각하는 경우

⑳ **흑백 논리의 오류:** 여러 가지 상황과 가능성이 있음에도 두 가지 경우로 극단적으로 생각하는 경우

학습활동

논리적 사고를 저해하는 논리의 오류 20가지중 일상 생활 또는 직장 생활에서 발생할 수 있는 논리의 오류를 아래와 같이 경험담을 이야기해 보자.

(예시안)

군중심리에 호소하는 오류: 조별 토론을 했을때 대부분의 사람들이 선택한 다수의 의견을 선택함 그것이 옳지 않다 하더라고 다수의 의견쪽으로 선택하게 되었다.

호감편향의 오류: 회사 면접에서 후배나 직속, 안면이 있던 호감이 가는 사람에게 좀 더 후한 점수를 주거나 흔히 '낙하산' 이라고 말하는 특혜를 주는 사례가 있다. 고등학교 때 내가 속한 동아리에서 친한 후배가 있으면 점수를 더 줘서 동아리에 합격시키곤 했다.

'요약형 글쓰기'는 논리적 사고 개발방법으로 전체적인 글의 내용과 구조를 분석·종합하여 이해한 결과를 중심으로 압축하여 나타내는 것이다. 그리고 내용을 핵심적인 것과 그렇지 않은 것으로 구분하여 내용 순서에 따라 필자의 의도를 왜곡시키지 않고 자신의 생각으로 바꾸어 한 편의 완결된 글로 작성하는 것이다. 이러한 작업은 자신이 맡은 업무에 대한 정확한 이해 및 전달 등 과제 수행에 필요한 기본능력이라 할 수 있다.

학습활동

다음 사례를 읽고 '결론-이유-증거' 원칙으로 내용을 분석한 후 핵심요약 문장을 완성해보자.

> "컨셉이란 말을 정확히 이해하지 못한 사람과는 함께 일하지 마라."
>
> 최근 비즈니스 환경에서 흔히 들을 수 있는 말이다. 컨셉의 사전적인 의미는 '개념'이다. 그러나 실무에서 '이것의 컨셉을 뭘까'라고 할 때의 컨셉은 개념이라기보다는 개성이나 특성을 의미한다.
>
> 할인 마트인 A마트의 개념은 '대형 할인 소매업체'이지만 그들의 컨셉은 '최저 가격'이다. 대형 할인 소매업체는 많지만 '최저 가격'이라는 전략을 중심에 두고 운영하는 곳은 A마트가 선두다. 남과 다르면서도 앞서는 것, 즉 차별성과 우위성을 나타내는 특성을 함축하는 말이 바로 컨셉이다. 그러므로 컨셉은 단순한 개념이 아닌 본질이며 특징이다. 프레젠테이션은 청중에게 정보를 제공하고 이해를 구하는 행위이다. 청중을 설득하기 위해서 보다 차별화되고 흥미를 끌 수 있는 정보를 제공하는 방식은 프레젠테이션의 제작에서 기본 요건이 된다. 즉 컨셉이 있는 프레젠테이션이 되도록 설계하여야 한다.

출처: HR Institute(2005).

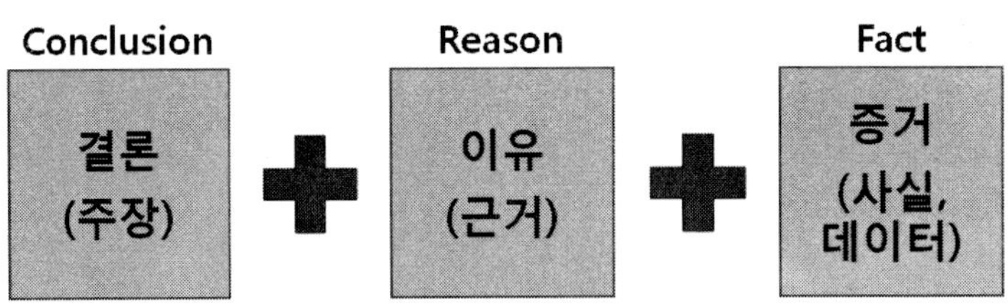

[그림] CRF의 원칙

CRF 원칙이란 어떤 의견을 전달할 때는 결론, 이유, 증거 세 가지가 있어야 한다는 것이다. 우선 결론이란 최종적으로 상대에게 전달하고 싶은 메세지다. 하지만 그

메세지가 명확하면서 설득력을 가질려면 결론(주장)에 이르는 이유와 이유를 뒷받침 해줄 만한 사실(fact)이나 데이터를 제시해야 한다. 이유와 증거는 객관적인 사실을 기초로 전달하는 것이 중요하며 이 세가지가 갖춰질때 비로서 설득력 있는 주장을 할 수 있다.

[C] 결론(주장)	컨셉이 있는 프레젠테이션 설계
[R] 이유(근거)	청중 설득 위해 차별화, 흥미 유도, 컨셉은 경쟁력 있고 우위성을 나타내는 특성
[F] 증거(사실, 데이터)	대형할인마트의 최저가격 전략이라는 컨셉
[CRF 종합] 핵심요약	청중을 설득하기 위한 프레젠테이션은 차별화와 흥미를 끌 수 있는 컨셉을 포함해야 한다.

나. 비판적 사고

흔히 '비판'이라고 하면 남의 흠을 잡거나 비난하는 것을 생각하지만 그것은 올바른 의미의 '비판'이 아니다. 남의 흠을 잡거나 비난하는 데만 몰두하는 사람들은 이기적인 마음에서 "비판적 사고"를 이용하는 것이다. 진정한 의미에서 비판적으로 사고하는 사람은 선입견과 편견을 버리고 주어진 상황과 관련된 모든 것들에 대해, 자기 자신의 사고까지도 포함하여, 객관적인 태도를 취하고, 지적으로나 윤리적으로 책임있게 사고한다. 따라서, 비판적 사고는 상대방을 모욕하거나 굴복시키기 위해 동의하지 않는 것과 다르다. 그것은 어떤 주제나 주장 등에 대해서 적극적으로 분석하고 종합하며 평가하는 능동적인 사고이다.

그리고 비판적 사고는 어떠한 사실이나 현상에 관해 진위와 가치여부를 따지면서 사고한다는 점에서 정보화 사회의 필수적인 사고 방법이 된다. 정보가 홍수처럼 범람하는 이 시대에 올바른 정보와 그른 정보를 구별할 수 있는 안목은 주체적인 삶을 살아가기 위한 핵심적이고 기본적인 요건에 해당하는 것이다.

학습활동

다음 동영상을 시청하고, 스마트기술의 발전이 우리 생활에 미치는 영향과 관련하여 비판적 사고가 왜 중요한지 설명해보자. 이때 '비주얼씽킹'맵을 활용하여 동영상의 핵심내용을 요약하고 본인의 생각을 말해보자.

출처: 스마트시대 위기극복을 위한 제언(2015).

참 고

서클형 비주얼씽킹맵 작성하기

서클형 비주얼씽킹맵은 학습주제를 정의하거나 학습내용을 정리할 때 유용하다. 가운데 서클 안에 동영상의 제목 또는 주제를 적는다. 그리고 시계방향으로 주제와 관련된 사실과 핵심내용들을 기록한다. 핵심내용에 대한 자세한 설명이나 떠오르는 생각들은 서클 밖에 화살표와 함께 상세히 기록한다. 마지막으로 전체적인 스토리와 핵심내용, 개인의 아이디어를 종합하여 본인의 의견으로 말해본다.

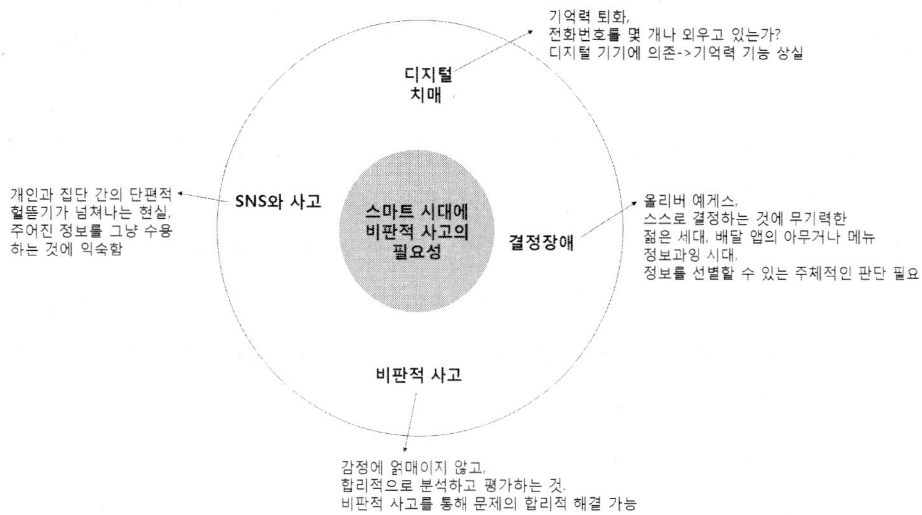

<종합>
스마트기술의 발전으로 인해 디지털기기의 지나친 의존현상은 기억력 상실, 결정장애 등의 부작용을 낳고 있다. 그것은 기억력 퇴화, 생각하는 힘을 저하시키는 원인으로 작용하고 있어 어떠한 문제를 합리적으로 해결하기 위해서는 스마트기기에 의존하기 보다 그 정보에 대해 비판적으로 사고하고 주체적으로 정보를 선택할 수 있는 힘을 배양하는 것이 필요하다 .

[그림] 비주얼씽킹맵 예시

비판적 사고의 개념은 Dewey(1910)의 반성적 사고로부터 그 개념을 찾을수 있다(노경주, 2002; 방선희, 2011). 비판적 사고에 대해 Glazer(1941)는 어떤 믿음이나 증거로 미루어 추정된 지식의 형태로, Russel(1956)은 조사의 과정이나 객관적인 증거로 드러나 자료에 의한 판단에 따른 행동으로, Ennis(1962, 1991)는 진술에 대한 올바른 평가나 합리적이고 반성적인 사고로, Freely(1978)는 수용할 수 있는 준거에 근거한 진술로, McPeck(1981)은 문제를 해결하기 우해 모든 증거를 활용하는 합리적인 사고로, Paul(1984)은 변증법적 추론능력으로 보았다. 또한 미국철학회 델파이보고서(1990)에서는 비판적 사고를 개념적이고, 방법론적이며, 표준적 또는 맥락적 측면들을 바탕으로 해석, 분석, 평가 및 추론을 산출하는 의도적이고 자기규제적인 판단이라고 정의하고 있다. 즉 비판적 사고란 사고 구조를 잘 통제하여 그 구조에 지적인 기준을 부과함으로써 사고의 질을 향상시키고자 하는 사고 활동이다.

그렇다면 비판한다는 것은 어떤 활동인가? 우리는 어떤 것이 옳다고 판단할 때, 또는 어떤 것이 다른 것보다 더 낫다고 판단할 때, 그 판단의 근거를 제시해야 한다. 만약 어떤 판단에 대한 근거를 물을 때 "그냥 느낌이 그래"라고 답한다면 그것은 단지 판단일 뿐 비판이라고 보기 어렵다. 비판이란 판단의 근거를 제시하는 평가활동이다. 그리고 근거란 어떤 기준에 입각하여 제시되어야 한다.

문제 해결을 위한 비판적 사고는 정확한 자료에 근거하면서 관련된 것들을 충분히 고려하고, 자신의 생각을 명확히 하며, 결론 즉 자신의 해결책에 정당하게 도달하는 것이다. 따라서 중요성, 정확성, 명확성, 충분함, 정당성이 문제해결을 위한 사고를 평가하는 기준으로 사용된다고 할 수 있다.

비판적 사고를 개발하기 위해서는 어떤 요소가 필요한가?

① **지적 호기심 :** 여러 가지 다양한 질문이나 문제에 대한 해답을 탐색하고 사건의 원인과 설명을 구하기 위하여 왜, 언제, 누가, 어디서, 어떻게, 무엇을 등에 관한 질문을 제기한다.

② **객관성 :** 결론에 도달하는데 있어서 감정적, 주관적 요소를 배제하고 경험적 증거나 타당한 논증을 근거로 한다.

③ **개방성 :** 다양한 여러 신념들이 진실일 수 있다는 것을 받아들인다. 편견이나 선입견에 의하여 결정을 내리지 않는다.

④ **융통성 :** 개인의 신념이나 탐구방법을 변경할 수 있다. 특정한 신념의 지배를 받는 고정성, 독단적 태도, 경직성을 배격한다. 우리는 모든 해답을 알고 있지는 못하다는 것을 이해하는 것이다.

⑤ **지적 회의성 :** 모든 신념은 의심스러운 것으로 개방하는 것이다. 적절한 결론이 제시되지 않는 한 결론이 참이라고 받아들이지 않는다.

⑥ **지적 정직성 :** 비록 어떤 진술이 우리가 바라는 신념과 대치되는 것이라 할지라도 충분한 증거가 있으면 그것을 진실로 받아들인다.

⑦ **체계성 :** 결론에 이르기까지 논리적 일관성을 유지한다. 논의하고 있는 문제의 핵심에서 벗어나지 않도록 한다.

⑧ **지속성 :** 쟁점의 해답을 얻을 때까지 끈질기게 탐색하는 인내심을 갖도록 한

다. 증거, 논증의 추구를 포기함이 없이 특정 관점을 지지한다.

⑨ **결단성 :** 증거가 타당할 땐 결론을 맺는다. 모든 필요한 정보가 획득될 때까지 불필요한 논증, 속단을 피하고 모든 결정을 유보한다.

⑩ **다른 관점에 대한 존중 :** 내가 틀릴 수 있으며 내가 거절한 아이디어가 옳을 수 있다는 것을 기꺼이 받아들이는 태도이다. 타인의 관점을 경청하고 들은 것에 대하여 정확하게 반응 한다.

그렇다면, 비판적 사고능력을 향상 시키는 방법은 무엇일까? 그것은 바로 독서이다. 독서교육을 통해 '비판적 사고'를 기른다는 것은 '비판적 사고'의 내용을 가르치는 것이 아니라, 독서를 통해 '비판적 읽기'를 하고 비판적으로 사고하는 방법을 익히도록 돕는 것을 말한다. '비판적 읽기'란 글을 분석하여 글의 내용과 표현, 구조, 가치 등을 평가하고 판단하는 능동적인 읽기이다. 우리는 '슬로리딩'이라는 독서법을 통해 사고하는 힘을 기를수 있는데 그것은 한 권의 책으로 다양한 활동을 하며 깊이 있게 읽는 독서법이다. 한 권의 책을 천천히 시간을 들여 읽으면 실제로 열 권, 스무 권을 읽은 것 못지않게 많은 지식과 경험을 쌓을 수 있다. 슬로리딩은 책을 읽으며 스스로 다양한 생각을 하게 만들어 꼬리에 꼬리를 무는 질문을 쏟아 내게 한다. 그 과정에서 생각의 힘이 길러진다. 그 결과 슬로리딩을 하는 아이는 독서습관과 독서태도가 달라져 시키지 않아도 스스로 알아서 해답을 찾게 된다. 배움은 강요하여 머리에 구겨 넣는 과정이 아니라 미처 몰랐던 것을 능동적으로 알아 나가는 즐거운 놀이와 같은 과정이 된다. 그러다 보니 공부도 두려워하지 않게 된다.

다. 창의적 사고

대부분의 직업인들은 창의력을 아주 특별한 사람만이 가지고 있다고 생각하기 때문에 자신과는 무관한 능력으로 생각하는 경향이 있다. 그러나 하루가 다르게 급변하는 글로벌 경쟁체제에서 개인의 창의적 수행능력은 기업의 인재를 넘어 국가의 경쟁력을 높이는 요인으로 작용하고 있어 이를 통해서 문제를 해결해야 하는 경우가 증가하고 있다. 그렇다면 다음 회색곰 이야기를 통해 창의적인 사람은 어떠한 특징을 가지고 있는지 생각해 보자.

회색곰 이야기(Sternberg & Lubart, 1995)

두 소년이 숲 속을 가다가 문제상황에 부딪히게 되었다. 크고 사나운 회색 곰이 화가 나서 그들에게 돌진해 오고 있는 것이다. 첫 번째 소년은 높은 지능지수, 뛰어난 학교성적을 갖추었고 교사 추천 또한 최고였다. 그의 교사들은 그가 영리하다고 생각했고, 그의 부모도 그렇게 생각했다. 아마 자신도 그렇게 생각했을 것이다. 두 번째 소년은 그렇게 높은 지능지수와 좋은 성적을 갖추지 못하였고, 교사 추천 또한 그리 뛰어나지 않았다. 어떤 사람들은 그가 엉뚱하다고 생각했으며, 또 어떤 사람들은 그가 이상하다고 생각하였다.

그 회색 곰이 다가오자, 매우 영리한 첫 번째 소년은 곰의 속도와 곰이 자신들을 따라잡기 위해 달려야할 거리를 어림잡고 나서, 17.9 초안에 곰이 그들을 따라잡을 것이라고 계산하였다. 그리고는 그 친구를 바라보았다. 그런데 놀랍게도 두 번째 소년은 하이킹화를 벗고 조깅화를 신고 있었다.

"너 정말 바보구나"라고 첫 번째 소년이 말했다. "우리는 결코 저 회색 곰보다 빨리 달릴 수 없을 거야."

"그래, 니 말이 맞아"라고 두 번째 소년이 말했다.

" 그렇지만 내가 해야 할 일은 너보다 빨리 달리는 것이야 "

이 이야기의 끝에 Sternberg와 Lubart가 내린 결론은 '첫 번째 소년은 영리했지만 두 번째 소년은 창의적이었다'는 것이다.

창의란 새로운 의견을 생각해 내는 것 또는 그 의견이라고 할 수 있고 영어의 creation은 라틴어의 creo(만들다)를 어근으로 하는 creatio라는 말에서 변화한 말로써 창조, 창작 등의 뜻을 가지고 있다. 이러한 것에 근거하여 '창의적 사고'란 말을 정의해보면 기존에 없거나 기존에 존재한 것에서 새로운 것을 찾아내거나 만들어내는 생각이라 할 수 있다.

창의성은 '새롭고, 독창적이고, 유용한 것을 만들어 내는 능력' 또는 '전통적인 사고방식을 벗어나서 새로운 관계를 창출하거나, 비일상적인 아이디어를 산출하는 능력'을 말하는 것(교육심리학용어사전, 2000)으로 개인, 집단, 조직 간의 초점을 둔 연구가 활발히 진행되고 있다. Amabile 외(1996)는 창의성을 작업환경과 연결해서 설명하며 조직의 지원, 격려, 도전적 작업, 상사의 지원, 자율성 등은 창의성을 독려하는 작업환경이며 조직의 방해나 업무의 부담은 창의성을 저해하는 요소로 규정하였다. Tardif & Sternberg(1988)는 창의성을 문제해결의 기술로 정의하였다. 따라서 창의성은 개인의 단일능력이 아닌 조직 내에서 직무관련 문제에 대한 새롭고 유용한 것으로 판단되는 해결방안을 개발하고 이를 성공적으로 실행해 나가는 과정에 필요한 능력이라 할 수 있다.

또한 학자들이 제시하고 있는 창의적 사고 기능의 구성요인 중 공통적인 요인으로 유창성, 독창성, 정교성, 융통성을 들 수 있으며 그 구체적인 내용은 다음과 같다.

유창성	**특정한 문제 상황에서 가능한 한 많은 양의 아이디어를 산출하는 능력**
독창성	**기존의 것에서 탈피하여 참신하고 독특한 아이디어를 산출하는 능력**
정교성	**다듬어지지 않은 기존의 아이디어를 보다 치밀한 것으로 발전시키는 능력**
융통성	**고정적인 사고방식이나 시각 자체를 변환시켜 다양한 해결책을 아내는 능력**

[그림] 창의적 사고기능의 구성요인

유창성은 특정한 문제 상황에서 가능한 많은 양의 아이디어를 산출해 내는 능력이다. 즉 주어진 자극에 대하여 제한됨 시간 내에 얼마나 많은 양의 변화를 보일 수 있는 지를 나타내는 정도로서 창의적 사고의 과정에서 비교적 초기 단계에 요구된다. 이것은 반응이 많으면 많을수록, 다양하면 다양할수록 훌륭한 독창적인 아이디어가 산출되고 또한 만족스러운 해결책을 찾아낼 가능성도 높일 수 있다.

독창성은 기존의 것에서 탈피해서 참신하고 독특한 아이디어를 산출하는 능력이다. 창의적 사고의 이상적인 목표는 사고의 독창성을 추구하는데 있다. 이러한 사고는 기존의 사고방식이나 타인의 문제해결 방식으로부터 벗어나 자신만의 독특한 아이디어를 산출하고 문제 해결 방안을 고안하려는 의식적인 노력에 의해 가능하다. 사고에서의 독창성이 요구되는 이유는 그것이 단기적으로는 문제해결의 상황에서 보다 더 효율적인 문제해결을 할 수 있게 하고 장기적으로는 인간의 삶을 더 의미있게 하고 질적으로 고양시켜 준다는데 있다.

정교성은 다듬어지지 않은 기존의 아이디어를 보다 친밀한 것으로 발전시키는 능력이다. 이것은 이미 산출된 아이디어를 재료로 해서 독창적인 것을 뽑아내고 평가하면서 정교하게 다듬는 것을 말한다.

융통성은 고정적인 사고방식이나 시각 자체를 변화시켜 다양한 해결책을 찾아내는 능력이다. 주어진 어떤 문제를 해결하는 방법으로써 한 가지 방법에 집착하지 않고 여러 가지 접근에 의한 해결을 해 보는 것은 그만큼 융통성이 있다는 것을 의미한다.

창의성은 누구나 잠재의식 속에 가지고 있으며 창의성은 소수만이 가지고 있는 특성이 아니라 개인차는 있겠지만 모든 사람들에게 존재하는 특성이면서, 노력과 환경에 따라서 향상되고 개발 될 수 있다. 이러한 창의성은 개인, 집단, 조직, 직무에 따라서도 다르게 정의될 수 있다. 개인 창의성은 개인이 창의적 과정을 겪는 것을 뜻하며, 집단 창의성은 개인 창의성의 총집합이 아닌 그들의 상호작용에서 이루어진 의미부여의 결과로 생산된 것을 의미하고, 조직 창의성은 다양한 개인들과 집단들 간의 상호작용에서 이루어진 의미부여의 결과를 말한다. 조직 창의성은 조직혁신과 혼용되어서 사용되는데 복잡한 사회체계에서 함께 일하는 구성원들에 의해서 가치가 있고, 새로운 제품, 아이디어, 절차 또는 과정을 창출하는 것이다(Woodmon, Sawyer & Griffin 1993). 직무 창의성은 본인의 직무가 얼마나 창의적인 생각과 행동을 요구하고 원하는지를 나타내는 것이고, 맡은바 업무 안에서 신선하고 새로운 아이디어를 산출해 내는 능력이라 말할 수 있다(송병식 2005; 최정락, 유태용, 2012).

이렇게 조직 안에서의 창의성을 향상시키기 위해서는 세 가지 요인이 균형에 맞게 관리되어야 한다(Amabile, 1988). 그 첫째는 직무와 관련된 기술이다. 둘째는 창의성 관련 발현 과정이며, 셋째는 내적 직무관련 학습 동기 유발요인이다. 즉, 직무의 중요성과 다양성, 정체성, 자율성과 같은 요소들이 직무에 포함되어 있을 때 개인적 창의성도 향상 된다는 것이다.

그렇다면, 창의적인 사람은 어떤 사람일까? 창의적인 사람은 정형화된 문제를 빠르게 해결했다고 해서 그 사람을 창의적이라고 할 수는 없다. 여간해서는 안 풀리는 문제, 해답이 많은 문제, 때로는 정답이 없는 문제를 해결하는 사람이야말로 창의적인 사람이라고 할 수 있다. 이렇듯 창의적인 사고란 당면한 문제를 해결하기 위해 이미 알고 있는 경험지식을 해체하여 새로운 아이디어를 다시 도출하는 것으로, 개인이 가지고 있는 경험과 지식을 통해 새로운 가치 있는 아이디어로 다시 결합함으로써 참신한 아이디어를 산출하는 힘이다.

창의성이 높은 사람에게 일반적으로 보이는 특성은 다음과 같다(이신동, 2002).

첫째, 창의적인 사람들은 의식적으로 자신의 창의성에 대해 인식하며 또 창의적인 사람이 되고 싶어 한다.

둘째, 창의적인 사람들은 자신감이 높고 독립적이며 창의적인 모험을 즐긴다. 이들은 변화를 추구하고 특이하여 전통에 도전하고 규칙을 바꾸려고 한다.

셋째, 창의적인 사람들은 대단히 정열적이며 열정적이어서 무한한 에너지를 갖고 있으며 또 자신의 아이디어에 몰입해서 그 일을 마칠 때까지 중단하지 않는 도전감이 있다.

넷째, 창의적인 사람들은 어린이와 같은 호기심과 궁금증을 가지고 있으며 유머와 장난기를 갖고 있다. 유머는 어떤 문제에 신선하고 즐겁게 접근할 수 있는 능력이며 호기심은 자신을 둘러싸고 있는 세상에 대한 이해와 폭넓은 관심을 갖게 한다.

다섯째, 창의적인 사람들은 자신의 역할과 인생의 목적에 대한 많은 생각을 하며 이상주의와 개인주의 성향을 강하게 갖고 있어 보수집단을 비판하는 경향도 있다. 개인적인 시간을 갖고자 하거나 고독에 대한 욕구는 반성적 사고와 관련이 있다.

여섯째, 창의적인 사람들은 예술적 감각이나 예술에 대한 관심이 높아 다양한 예술분야에 관심을 보이며 영혼, 특별한 감각, 텔레파시 등과 같이 정신적이고 신비로운 것에 매력을 느낀다.

일곱째, 창의적인 사람들은 애매모호함을 통해 창의적 문제 해결을 이룬다. 문제해결과정에서 생기는 아이디어는 계속적인 변형, 추측, 개선 등을 통한 통찰로부터 나온다.

여덟째, 창의적인 사람은 더 지각적이고 사물의 관계를 직시하며 정신적인 비약을 즐기는 경향이 있다. 이것은 문제를 정의하고 해결하는데 중요한 역할을 한다.

참 고

창의적 문제해결 과정(Creative Problem Solving Process, CPS)

① **목표발견 (Objective Finding) :** 목표 발견은 문제를 해결하기 위해 가장 중요하거나 시발점을 찾기 위하여 본인이 중요하게 생각하는 목표나 개인적으로 문제를 다루는 스타일을 고려하는 것을 말한다. 여기서 주요 관심사는 창의적 문제 해결 노력이 바르게 나아갈 수 있도록 목표와 영역을 정하는 것이다. 이를 위해서 목표 진술문을 작성해야 한다. 목표 진술문은 명쾌하고 간결한 형태의 문장으로 나타나며 수업을 통하여 나아가기를 원하는 방향을 제시한다. 다양한 목표 진술문은 학생들의 흥미와 영향력 그리고 상상력의 활용여부, 중요성 그리고 즉시성의 정도에 따라 평가되고 선정된다.

② **사실발견 (Fact Finding) :** 이 단계는 이전 단계에서 수집한 모든 정보를 검토하는 단계에서 시작된다. 그리고 문제를 더 잘 이해하기 위해 그 문제를 둘러싼 모든 정보들 - 사실, 느낌, 의문점, 스스로 느끼는 예감과 관심(걱정) - 을 면밀히 검사하게 된다. 자료발견 단계에서는 학습과제나 문제 상황과 관련된 모든 정보를 고려하게 된다. 이 단계에서는 누가, 언제, 어디서, 무엇을, 왜, 어떻게 라는 6개의 의문사로 시작되는 질문들을 제안하고 바라는 미래의 상태와 현재의 실제 모습을 다양하게 기술해 봄으로써 제안하고 바라는 미래의 상태와 현재의 실제 사실들을 다양하게 기술해 봄으로써 다양한 자료를 찾을 수 있다. 지식, 경험, 지각, 느낌, 의문점 등과 관련된 풍부한 자료 중에서 실제의 상황을 이해하는 데 도움이 될 수 있는 자료들만 선별하고 분류하여 조직해야 한다.

③ **문제 발견 (Problem Finding):** 이 단계에서의 중요한 일은 이전 단계에서 접했던 중

요한 정보를 가지고 한 문제를 형식화 하는 것, 즉 문제를 정하는 것이다. 즉 해결하고자 하는 학습 문제나 관심이 있는 구체적인 영역을 진술하는 것이다. 이때 작성된 진술문에는 문제 소유자, 목적, 방법, 그리고 행위 동사가 포함되어야 한다. 문제 진술문은 부정적인 표현이나 사고를 억제하는 진술은 지양되어야 한다. 뿐만 아니라 간결하면서도 새로운 아이디어를 발견한 가능성이 있도록 표현되어야 하고 사고를 제한하는 기준들로부터 벗어나서 원하는 논쟁점을 진술해야 한다. 그리고 다양한 문제 진술문 중에서 새로운 아이디어나 가능한 해결안을 고무하고 상황의 본질이 가장 적절하게 정의된 문제 진술문을 선정해야 한다.

④ 아이디어 발견 (Idea Finding) : 일단 적합하고 작업 가능한 문제를 정리하여 문자화한 수에 가능한 한 많은 아이디어를 산출해야 한다. 즉 확산적 사고에 보다 강조를 두는 것으로, 이 단계를 거치는 동안 새롭고 특이한 아이디어를 생산하기 위해 여러 가지 다양한 기술 혹은 전략을 사용하게 된다. 이때 판단을 유예하는 것은 많은 도움이 된다. 가능한 한 많은 아이디어를 찾으려 할 때에 너무 빨리, 혹은 너무 많은 평가를 하는 것은 생각을 억제할 수도 있고 매우 특이하고 가능성 있는 아이디어를 간과하는 원인이 되기도 한다. 아이디어의 평가를 나중에 하는 것이 평가로 인하여 잃어버리거나 거부당한 아이디어를 재생시키는 것보다 훨씬 더 쉽다.

⑤ 해결책 발견 (Solution Finding) : 아이디어를 목록화한 후에 문제를 해결하는 데 가장 가능성이 높은 해결책을 결정하는 단계이다. 이 단계에서 먼저 아이디어를 평가하는 데 쓰일 기준을 만들고 그 다음 기준을 토대로 아이디어들을 상세하고 조직적으로 평가한다. 이때 단순히 한 가지 아이디어만을 선택하고 나머지를 버리는 것도 아니고, 완벽한 아이디어만을 찾는 것도 아니다. 지금 갖고 있는 아이디어들 중에서 문제 해결에 가장 가능성이 있다고 생각되는 것을 찾으려고 하는 것이다.

⑥ 수용안 발견 (Acceptance Finding) : 해결책 발견이 아이디어를 해결책으로 바꾸는 데 초점을 두는 반면에 수용안 발견은 현재의 상황을, 바라는 미래 상태로 바꾸는 행동에 초점을 둔다. 이때 행동으로 옮기는 데 있어 영향을 미치는 요인들을 확인해야 한다. 영향을 미치는 요인 중 방해가 되는 요인과 제한점을 확인하고 그것을 극복하는 방법을 구안해야 한다. 또한 해결안을 수용하기 위해 취해야 할 잠재적인 행동 단계를 산출하고 계획을 수렴해야 한다.

출처: 위키피디아(2016).

학습활동

나의 창의성 수준은?

- 대학생 및 성인 창의성 검사 척도(정은이, 박용한, 2002).
  - 언어지능(1-8), 논리수학지능(9-13), 공간지능(14-18), 자연지능(19-24), 음악지능(25-30), 신체운동지능(31-33), 대인관계지능(36-36)

번호	문항질문	전혀 그렇지 않다	그렇지 않다	보통 이다	그렇다	매우 그렇다
1	나는 한 가지 일을 여러 가지 각도에 생각 보고 실행한다.					
2	TV 토론 프로그램을 볼 때 그와 관련된 여러 가지 생각이 떠오른다.					
3	일상생활에서 흔히 볼 수 있는 것들을 사용해 특별한 것을 만든다.					
4	처음 보는 새로운 기능과 디자인의 제품을 보면 사고 싶어진다.					
5	내가 좋아하는 일은 시간 가는 줄 모르고 한다.					
6	나는 남에게 얽매이는 것을 싫어한다.					
7	나는 가까운 주변 사람들에게 즐거움을 줄 때가 있다.					
8	언젠가는 내가 하고 싶은 일을 할 수 있을 것이다.					
9	해결하기 어려운 일에 닥쳤을 때 여러 가지 대안을 생각해본다.					
10	사소한 것이라도 나만의 방법으로 참신하게 변화시킨다.					
11	나는 남들이 당연하다고 생각하는 것에 의문을 갖는다.					
12	나는 간섭이나 구속받는 것을 싫어한다.					
13	다른 사람들이 나에 대해 알게 되는 것이 싫다.(R)					
14	친구들은 나에게 도움을 청할 때가 있다.					

번호	문항질문	전혀 그렇지 않다	그렇지 않다	보통 이다	그렇다	매우 그렇다
15	나 자신의 잠재력에 대한 믿음이 강한 편이다.					
16	나는 하나의 지식을 얻으면 응용하여 다른 데 적용해 보곤한다.					
17	나는 똑같은 재료를 가지고도 여러 가지 다양한 형식으로 표현하려고 노력한다.					
18	나는 전혀 어울릴 것 같지 않은 것들을 결합해 뭔가를 만들곤 한다.					
19	직접 무언가 일상생활에 도움이 되는 것들을 만들어보는 걸 좋아한다.					
20	흥미있는 일은 다른 일을 제쳐두고라도 꼭 해내고야 만다.					
21	나는 자유롭게 여행을 하거나 혼자만의 시간을 갖는 것이 두렵다.(R)					
22	나는 여러 가지 다양한 경험을 해보려고 노력한다.					
23	나로 인해 다른 사람들이 행복하게 되는 것을 삶의 큰 기쁨으로 여긴다.					
24	나는 틀에 얽매이지 않고 자유스럽게 사고한다.					
25	나는 살면서 새로운 시도를 많이한다.					
26	나는 남들가 똑같은 방식과 행동을 싫어한다.(R)					
27	나와 다른 생각과 가치관을 가진 사람들과는 잘 어울리지 못한다.(R)					
28	나는 이 세상에서 꼭 필요한 사람이라고 생각한다.					
29	나는 매사를 긍정적으로 생각하고 받아들이려고 노력한다.					
30	나는 사물을 본래의 용도와 다르게 사용할 수 있는 방법을 찾아보곤 한다.					
31	나는 하나의 사건이나 사물을 보고 여러 가지 상상을 한다.					
32	나는 남들이 생각해 내지 못하는 기발하고 특이한 발상을 할 때가 있다.					

번호	문항질문	전혀 그렇지 않다	그렇지 않다	보통 이다	그렇다	매우 그렇다
33	내가 좋아하는 행사나 모임이 있으면 적극적으로 참여한다.					
34	나는 자유로운 분위기를 좋아한다.					
35	더 나은 생각과 아이디어라면 내 생각과 다르더라도 받아들인다.					
36	여러 사람이 함께 하는 일이 있을 때 사람들과 어울리고 협조하려고 노력한다.					

* 역채점 문항: 13, 21, 27번(5점 척도)

창의성과 지능 간에 관한 연구들을 살펴보면, 유아의 창의성은 지능과 기타 인지적 능력과는 다른 유형이다(Ward, 1974). 창의성은 쉽게 답을 할 수 없는 문제를 해결하는 특별한 유형이다(Runco & Albert, 1990).

① MacKinnon(1961)은 120-140 이상의 지능에서는 창의성과 지능 간에는 상관이 없음을 밝혔고, Haensly와 Reynolds(1989)는 지능이 높은 집단에서는 지능과 창의성 간에는 상관이 매우 낮다는 연구결과를 발표하였다. Wallach과 Kogan(1965)은 지능과 창의성은 서로 독립적인 개념이고 창의성이 높은 유아일지라도 높은 지능을 소유할 수도 있고 없을 수도 있다고 주장하였다(Al-ajmi, 1994).

② Renzulli(1978)는 창의성과 지능이 부분적으로 중복된다고 주장하였는데 보통 아이큐 120 이상의 사람들에게서 오히려 창의성과의 상관관계가 낮으며 없는 경우가 많은데 비해 아이큐 120이하의 사람들에게서 창의성과 상관관계가 높은 것을 밝혀내었다. Perkins(1981)와 wiseberg는 창의성과 지능은 특별한 것이 아닌 우연히 일치되는 개념으로 보고 창의성은 특별한게 없으며 통찰력을 갖고 있어도 문제해결은 여전히 어렵다고 보았다. 하지만 창의성을 지능에 국한해서 논의하거나 지능과는 별개의 것으로 창의성의 수련과 개발은 지능을 포함한 개인의 인지능력과 태도, 성격, 지각, 동기 등과 연계된 맥락에서 이루어져야 한다고

주장하였다.

③ Sternberg & Lubart(1995)는 창의적인 사람은 뛰어난 투자가라는 투자이론을 제시하였는데 창의성을 구성하는 하위 구성요소로서 지능, 지식, 사고 스타일, 성격, 동기, 환경으로 구분하였고 지능은 창의성의 부분 개념이라고 보았다. 또한 Tardif 와 Sternberg(1988)은 창의적인 사람의 특성 중의 하나는 일반인보다는 높은 지능을 소유하고 있다고 주장하였고, Niu(2003)은 중국의 학생들을 대상으로 창의성과 관련된 변인을 파악하는 연구에서 IQ가 전체 창의성의 15.4%를 설명하고 있다고 보고하였다.

④ Guilford & Gardner(2000)는 지능을 8가지 영역으로 구분하는 다중지능을 통해 제시하였는데 어느 한 영역에서의 탁월성이 그 영역에서의 창의적 능력으로 이어진다고 하였다.

이러한 연구결과를 종합하면, 지능과 창의성은 관련이 되어있지만 항상 일치하지 않는다는 점, 다중지능을 통해 창의성을 설명하는 경우, 창의성을 하나의 성격, 성향으로 보는 독립적인 관점 등 여러 부분에서 설명들이 이루어지고 있다.

학습활동

다음의 〈다중지능검사지〉를 통해 여러분의 강점지능과 약점지능을 알아보고, 자신의 강점지능 영역과 관련하여 창의적 사고를 어떻게 발휘할 수 있는지 생각해보자.

다중지능검사지

1. 전혀 그렇지 않다 2. 별로 그렇지 않다 3. 보통이다 4. 대체로 그렇다 5. 매우 그렇다

	문항내용	1	2	3	4	5
1	취미생활로 악기연주나 음악 감상을 즐긴다.					
2	운동경기를 보면 운동선수들의 장단점을 잘 집어낸다.					
3	어떤 일이든 실험하고 검증하는 것을 좋아한다.					
4	손으로 물건을 만들고, 그림을 그리는 것을 좋아한다.					
5	다른 사람보다 어휘력이 풍부한 편이다.					
6	친구나 가족들의 고민거리를 들어 주거나 해결하는 것을 좋아한다.					
7	나 자신을 되돌아보고, 앞으로의 생활을 계획하는 것을 좋아한다.					
8	자동차에 관심이 많고, 각각의 공통점과 차이점을 잘 알고 있다.					
9	악보를 보면 그 곡의 멜로디를 어느 정도 알 수 있다.					
10	평소에 몸을 움직이며 활동하는 것을 좋아한다.					
11	수학이나 과학과목을 좋아한다.					
12	어림짐작으로도 길이나 넓이를 비교적 정확히 알아맞힌다.					
13	글이나 문서를 읽을 때 문법적으로 어색한 문장이나 단어를 잘 찾아낸다.					
14	학교 내 성관련 사건이 왜 발생하고 어떻게 해결하면 좋은지 알고있다.					
15	나의 건강 상태나 기분, 컨디션을 정확히 파악할 수 있다.					
16	옷이나 가방을 보면 어떤 브랜드인지 바로 알아맞힐 수 있다.					
17	다른 사람의 연주나 노래를 들으면 어떤 점이 부족한지 알 수 있다.					
18	어떤 운동이라도 한두 번 해보면 잘할 수 있다.					
19	다른 사람의 말 속에서 비논리적인 점을 잘 찾아낸다.					
20	다른 사람의 그림을 보고 평가를 잘할 수 있다.					
21	나의 어렸을 때 꿈은 작가나 아나운서였다.					
22	다른 사람들로부터 다정다감하다는 소리를 자주 듣는다.					
23	내 생각이나 감정을 상황에 맞게 잘 통제하고 조절한다.					
24	동물이나 식물에 관하여 많은 정보를 알고 있다.					
25	다른 사람과 노래할 때 화음을 잘 넣는다.					
26	운동을 잘한다는 말을 자주 듣는다.					
27	학교생활에서 발생하는 문제를 해결하는 절차와 방법을 알고 있다.					
28	내방이나 집을 꾸밀 E대, 어떤 재료를 사용해야 하고 어떻게 배치해야 할지 잘 알아낸다.					
29	글을 조리 있고 설득력 있게 쓴다는 말을 자주 듣는다.					

	문항내용	1	2	3	4	5
30	학교 친구나 선생님, 선배의 기분을 파악하고 적절하게 대처한다.					
31	평소에 내 능력이나 재능을 계발하기 위해 노력하고 있다.					
32	동물이나 식물을 좋아하고 잘 돌본다.					
33	악기를 연주할 때 곡의 음정, 리듬, 빠르기, 분위기를 정확히 표현한다.					
34	뜨개질이나 조작, 저립과 같이 섬세한 손놀림이 필요한 활동을 잘할 수 있다.					
35	물건의 가격이나 은행이자 등을 잘 계산한다.					
36	다른 사람으로부터 그림 그리기나 만들기를 잘한다고 칭찬 받은 적이 있다.					
37	책이나 신문의 사설을 읽을 때 그 내용을 잘 이해한다.					
38	가족이나 학교 친구, 선배 등 누구와도 잘 지내는 편이다.					
39	내 일정을 다이어리에 정리하는 등 규칙적인 생활을 위해 노력한다					
40	나는 현재 동식물과 관련된 직업에 종사하고 있다.					
41	어떤 악기라도 연주법을 비교적 쉽게 배운다.					
42	개그맨이나 탤런트, 주변 사람들의 행동을 잘 흉내 낼 수 있다.					
43	어떤 것을 암기할 때 무작정 외우기보다는 논리적으로 이해하여 암기하곤 한다.					
44	새로운 지식을 습득할 때 그림이나 개념지도를 그려가며 외운다.					
45	국어시간이나 글쓰기 시간을 좋아한다.					
46	내가 속한 집단에서 내가 해야할 일을 잘 찾아서 수행한다.					
47	어떤 일을 실패했을 때 그 원인을 철저히 분석해서, 다음에는 그런 일이 생기지 않도록 노력한다.					
48	동식물이나 특정 사물이 갖는 특징을 분석하는 것을 좋아한다.					
49	빈칸을 주고 어떤 곡을 채워 보라고 하면 박자와 전체 곡의 분위기에 맞게 채울 수 있다.					
50	연기나 춤으로 재가 전하고자 하는 것을 잘 표현할 수 있다.					
51	어떤 문제가 생기면 성급하게 결론을 내리기보다는 여러 가지로 그 원인을 밝히려고 한다.					
52	고장 난 기계나 물건을 잘 고친다.					
53	다른 사람이 하는 말의 핵심을 잘 파악한다.					
54	다른 사람들 앞에서 프레젠테이션이나 연설을 잘한다.					
55	앞으로 어떻게 성공해야 할지에 대해 뚜렷한 신념을 갖고 있다.					
56	환경문제를 해결할 수 있는 방법들을 많이 알고 있다.					

〈평가〉

- 답안지의 번호가 점수로 반영된다(예 : 답안지 번호1 - 1점)
- 표의 세로 항목별로 점수 합계를 낸다.

A 음악적 지능		B 신체운동 지능		C 논리수학 지능		D 공간적 지능		E 언어적 지능		F 인간친화 지능		G 자기성찰 지능		H 자연친화 지능	
01		02		03		04		05		06		07		08	
09		10		11		12		13		14		15		16	
17		18		19		20		21		22		23		24	
25		26		27		28		29		30		31		32	
33		34		35		36		37		38		39		40	
41		42		43		44		45		46		47		48	
49		50		51		52		53		54		55		56	
세로 항목 총계															

1강점지능 :

2강점지능 :

3강점지능 :

교육심리학자인 하워드 가드너(1983)는 그의 저서인 마음의 틀(frame of mind)을 통해 다중지능에 대한 개념을 '하나 또는 그 이상의 문화적 환경 속에서 가치 있게 여겨지는 생산품을 창조하거나 문제를 해결할 수 있는 능력' 이라고 정의하였다. 이를 통해 그는 지능이 기존에 중시 되었던 지적능력을 말하는 것이 아니라 사회가 요구하는 실생활에 적용 될 수 있는 문제 해결력과 같은 지능들을 강조함으로써 지능에 대한 일차원적인 관점을 다원적으로 확장시켰다. 또한, 교육현장에서만의 상황이 아닌 사회문화적 환경을 제시함으로써 여러 영역의 지능의 발달에 대한 다양한 기회들을 암시하고 있다.

가드너의 다중지능 이론에 따르면 인간의 지능영역을 여덟 가지로 분류하였고, 각 영역은 지능을 수행하기 위해 상호작용하지만 기능적으로는 독립되어 있는 하나의 체계를 이룬다고 보았으며, 이를 통해 기존의 단일적인 지능의 개념을 반박하였다.

첫째, 인간의 언어적 능력은 동물과 구분되는 가장 특별한 지적 활동 능력 중 의 하나로 말이나 글을 통해 개인의 생각이나 의사를 전달할 때 효과적인 의사전달의 도구로 사용하기 위함을 나타내는 능력이다. 언어를 이용한 문장, 단어, 음원, 소리 등의 다양한 구성으로 이루어져 있기에 말하고자하는 사람의 생각과 감정이 전달된다. 이러한 능력은 단순히 언어적 능력만을 나타내는 것이 아니라 사람의 느낌, 감정, 감수성 등을 나타내는 능력이라고 할 수 있다. 언어적 전달은 개인이 다른 사람에게 나타내는 것 뿐 아니라 다른 사람의 언어를 듣고 이해하고 언어를 통한 정보를 구분하고 기억하는 등의 활동을 통해 큰 관점으로 볼 때 인간의 창의력과 관련이 있다고 본다.

둘째, 논리 및 수학적 지능은 인간현상에서 발생하는 복잡한 문제들을 기호 및 상징화 시켜 이러한 현상들을 논리적으로 판단하고 이해하는 능력을 가리킨다. 더 나아가 귀납적으로 문제를 추론하는 과정을 통해 연역적으로 추론하여 인과관계의 구분을 통해 문제를 해결해 나가는 일련의 과정에 필요로 하는 지능의 활동을 말한다. 뿐만 아니라 이러한 사고방식은 과학적 추론과 연관 되어 있기에 복잡한 문제를 단순화 시키는 일반화의 과정을 통해 오류를 지적하고 해결하고 문제해결을 위한 검증의 과정까지 진행된다.

셋째, 공간적 지능은 사물의 세계를 객관적이고 직관적으로 이해하는 능력으로 공간 및 시각적 능력으로 불리 운다. 인간세계의 모든 현상을 시각적으로 알아가는 시각의 지각능력을 사용하여 모양, 색상 등을 구분하는 능력과 이러한 현상을 중심으로 특정 공간에서 새로운 생각을 만들어 나가는 창의력을 공간적 기반(spacial matrix)에서 적응하는 능력을 포함한다. 또한 추상적인 내용을 구체화하여 시공간적 형태 및 기하학적으로 표현하여 자신의 생각을 전달하는 과정도 이에 속하기에 공간적 문제를 해결하는데 있어 도움이 된다.

넷째, 신체-운동적 기능은 정신과 신체에서 발생하는 행동의 지능적 관계를 설명한다. 인간이 느끼는 감정과 훈련 및 학습을 통해 알고 있는 생각을 몸으로 표현하거나 특정 행동을 억제하는 등의 행동 양식이 이에 속한다. 이러한 지능은 예술적인 작품 활동을 하는데 있어서 많이 사용되는 지적 행동으로, 신체적인 움직임으로 인간의 감수성을 표현하는 무용이나 새로운 예술적 작품을 그리거나 만들어 내는 화가, 조각가 등의 활동이 이에 해당된다. 일반적인 사람들에게는 외부에 의한 자극을 통해 운동을 하는 등의 반응 또는 신체적 발달(유연성, 근력 등)등의 과정을 가능하게 하는 지능적 활동으로 이러한 능력이 상당 수준으로 발달 된 사람들의 경우의 예로는 운동선수들이라고 할 수 있다.

다섯째, 음악적 지능은 오래전부터 인간들에게 있었던 예술적 감성을 표출하는 능력 중 가장 일반화 되었었던 능력중의 하나이다. 문화의 역사적 흐름을 파악할 때 가장 먼저 확인 되는 부분이 음악의 역사에 대한 이해가 우선시 되는 만큼 음악적 지능의 활동을 인간의 감성 및 행동을 가장 잘 나타내는 지능 중 하나라고 할 수 있다. 음악적 지능과 관련하여 몸이 불편하거나 정신적으로 부족한 사람들에게서 천재성이 있는 음악적 재능을 발견하는 경우가 있는데 이는 음악적 재능을 담당하는 뇌기능이 다른 부분과는 다르게 확실히 독립된 기능을 하는 것을 알 수 있다. 음악적 재능이 뛰어난 사람들의 경우 멜로디, 소리, 음색 등의 음악적 구성의 특징에 대한 이해와 습득이 빠르고 이러한 지능과 함께 청각적인 기능 또한 우수함을 알 수 있다.

여섯째, 대인관계 지능은 공동체를 이루며 살아가는 인간들뿐 아니라 동물들에게도 나타나는 능력이다. 동물들의 경우 감각과 본능에 의해서 공동체를 이루고 살아가는 반면 인간의 대인관계 능력은 이들 보다는 높은 수준의 지능 활동으로 나와 함께 살아가는 다른 사람들의 심리, 생각 등을 파악하고 구분하여 이에 적절하게 행동하고 생각하는 능력을 말한다. 또한 상대방의 몸짓, 언어, 표정 등의 외형적인 행동양식에 의해서도 문제를 생각하고 추론하는 과정 또한 이러한 능력을 사용하는 과정이라고 할 수 있다.

일곱째, 개인이해의 기능은 자기훈련(self-discipline), 자기인식(self-knowledge) 등의 과정을 통해 개인의 지능을 이해하고 자신의 본능, 욕구, 감정 등을 조절하고 인식하며 자신을 존중하는 능력을 설명한다. 이러한 능력은 앞서 설명한 대인관계의 능력에도 영향을 끼치는 요소로 개인의 능력을 판단함으로써 문제해결 능력을 향상시키는데 있어 많은 도움을 주는 능력이다. 이러한 능력이 일정 수준으로 발달한 사람들의 경우 자아성찰의 단계까지도 발전을 이룰 수 있으며 다른 능력들과는 다르게 매우 개인적인 성향을 포함하는 능력이기에 외부에 표출 되지는 않으나 개인만이 알 수 있고 판단하는 능력이기에 개인만이 속하는 특정 주변 환경과 학습 속에서 익힐 수 있는 특수성이 있는 지능이다.

여덟째, 자연이해의 지능은 인간과 공존하는 자연 현상에 대해 생명이 있는 생물과 자연의 구성요소에 대해 탐구하고 인식하는 능력이다. 인간세계의 모든 활동은 자연현상을 중심으로 이루어져 있기에 이러한 자연의 이해는 문학적 발달을 이루는 원인이 되었고 더 나아가 이러한 자연의 기능을 원활하게 사용하는 능력 또한 이에 포함된다.

창의적인 사고는 문제에 대해서 다양한 사실을 찾거나 다채로운 아이디어를 창출하는 발산적 사고가 요구된다. 이러한 발산적 사고를 개발하기 위한 방법으로는 브레인스토밍, 마인드맵, 만다라트 등이 있으며, 이중 만다라트 기법을 살펴보면 다음과 같다.

[그림] 창의적 사고 기법

확산적 사고기법에 해당하는 만다라트는 일본의 디자이너 이마이즈미 히로아키가 개발한 발상기법으로, manda+la+art가 결합된 용어인데, manda+la는 '목적을 달성한다'는 뜻이고 mandal+art는 '목적을 달성하는 기술', 그 툴을 의미한다.

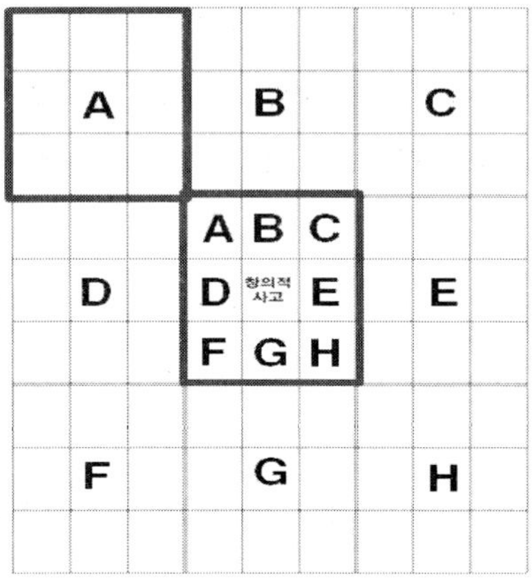

1. 9개로 나누어지 정사각형의 중앙에 주제를 삽입한다.
2. 중앙의 주변의 칸에 주제와 연상되는 아이템을 무작위로 적는다.
3. A부터 H까지 채워진 아이템을 확장하여 다시 확장된 아이템을 중심으로 연상되는 생각을 적는다.

[그림] 만다라트의 작성 요령

만다라트를 작성하면 64개의 생각으로 아이템이 만들어지게 되고, 이는 한 가지 주제를 가지고 생각을 확장하여 만들어진 아이템을 조합하고 구체화 시키는 과정에서 기존의 정보와 새로운 정보의 유기적인 확장으로 이어져 실제로 그것이 새롭고 창조적인 아이디어로 이어질 수 있다.

학습활동

다중지능결과 유형별로 팀을 구성하고, 팀별로 만다라트 기법을 활용하여 창의적인 사고를 개발하기 위한 주제를 토론해보자.

				창의적 사고				

참 고

창의기법(Creative Methodology)

창의기법은 창의적인 아이디어를 이끌어내기 위한 체계적인 개념적 사고를 할 수 있도록 도움이 되는 기법들을 의미한다. 창의기법의 종류로는 브레인스토밍, 연상기법, 마인드맵 등을 들 수 있다(HRD 용어사전, 2010).

1. 마인드맵(mind map)

마인드 맵이란 문자 그대로 '생각의 지도'란 뜻. 자신의 생각을 지도 그리듯 이미지화해 사고력 · 창의력 · 기억력을 한 단계 높인다는 두뇌 개발 기법이다. 간혹 어떤 문제에 대하여 창조적으로 사고하고 있을 때, 시간이 흐르거나 연속적인 사고의 연상이 진행되면서 그 사고한 내용의 일부는 잃어버리게 되고 재생하기가 어렵게 된다. 마인드맵은 유기적으로 연결되는 일련의 생각을 훌륭하게 상기시켜준다. 마인드 맵은 영국의 토니 부잔이 1960년대 브리티시 컬럼비아대 대학원을 다닐 때 두뇌의 특성을 고려해 만들어냈다. 부잔은 일부 사람들은 그림과 상징물을 활용해 배우는 것이 훨씬 더 효과적이라는 생각이 들어 '마인드 맵'을 고안해 냈다고 한다. 학습법과 기억력 뿐 아니라 기업업무능력 향상 등에도 효과가 있는 것으로 알려져 각국의 학교들 뿐만 아니라IBM, 골드만삭스, 보잉, GM 등 우수한 기업체들이 마인드맵 이론과 교재를 사원교육에 활용중이다(시사상식바이블, 2008).

2. 브레인스토밍(brainstorming)

1941년에 미국의 광고회사 부사장 알렉스 F. 오즈번이 제창하여 그의 저서 《독창력을 신장하라》(1953)로 널리 소개되었다. 일정한 테마에 관하여 회의형식을 채택하고, 구성원의 자유발언을 통한 아이디어의 제시를 요구하여 발상을 찾아내려는 방법이다. 원리는 다음과 같다. ① 한 사람보다 다수인 쪽이 제기되는 아이디어가 많다. ② 아이디어 수가 많을수록 질적으로 우수한 아이디어가 나올 가능성이 많다. ③ 일반적으로 아이디어는 비판이 가해지지 않으면 많아진다. 그러므로 브레인스토밍에서는 어떠한 내용의 발언이라도 그에 대한 비판을 해서는 안 되며, 오히려 자유분방하고 엉뚱하기까지한 의견을 출발점으로 해서 아이디어를 전개시켜 나가도록 하고 있다. 이를테면, 일종의 자유연상법이라고도 할 수 있다. 회의에는 리더를 두고, 구성원수는 10명 내외를 한도로 한다(두산백과, 2016).

3. 비주얼씽킹(Visual Thinking)

사물, 생각, 개념의 의미가 담긴 상징적인 이미지와 간단한 글로 생각을 정리하고 정보를 요약해서 공유하는 기술이다. 비주얼씽킹을 습관화하여 그림으로 생각하고 정리하는 습관을 가진다면 새로운 아이디어와 영감을 보다 쉽게 얻을 수 있으며, 어렵고 복잡한 것에 대한 이해가 수월해지고, 이로 인해 이야기나 주장을 할 때 설득력을 높일 수 있으며, 공감대를 쉽게 형성할 수 있고, 명확한 의사 결정이 가능해지며, 의사 결정 속도도 빨라질 수 있다.

출처: 정진호(2015).

4. 디자인 씽킹

창의성이란 과거의 경험과 지식을 기반으로 새로운 것을 제안할 수 있는 지적 과정이다. 이는 과거의 경험과 새로운 경험을 재결합하여 새로운 패턴, 아이디어, 제품, 상품, 서비스, 가치 등을 적합하게 만들어 내는 능력과 사고과정으로 정의할 수 있다. 디자인 씽킹은 미국 스탠포드 대학과 디자인 회사인 IDEO를 중심으로 개발된 혁신적 교육 또는 경영 패러다임이다. 디자인 씽킹의 의미는 이 용어의 기원인, 디자이너의 사고방식을 출발점으로 삼아야 할 것이다. 디자이너는 최종 디자인 산출물이 나오기까지 일련의 프로세스를 거치게 된다. 이를테면, 문제 상황에 대한 관찰을 하는 공감(Empathy) 단계, 관찰을 통해 도출된 문제점을 새롭게 정의(Define)하는 단계, 해결책의 발상을 하는 아이디어 생성(Ideation) 단계, 해결책을 현실화하는 초기단계인 프로토타입 제작 단계(Prototype), 완성된 프로토타입을 실제 시험해 보는 시험 단계(Test)가 그것이다(서응교, 전은화, 정효정, 2016).

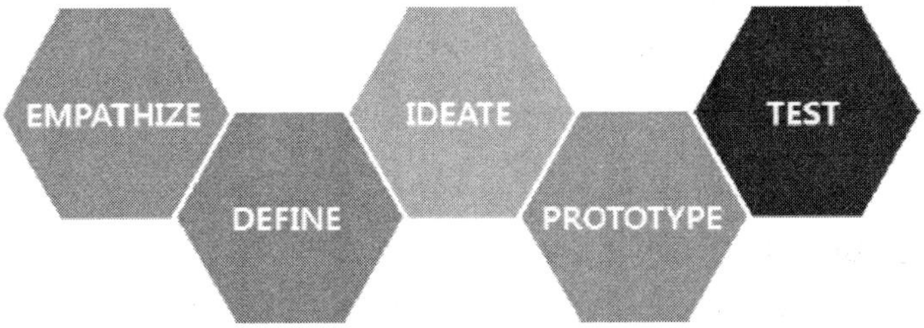

[그림] 스탠퍼드 디스쿨의 디자인 씽킹 프로세스

5. 트리즈ТРИЗ

문제가 발생된 근본 모순을 찾아내 이를 해결할 수 있는 방안을 모색하는 방법론을 말한다. 1940년대 옛 소련의 과학자 겐리흐 알트슐레르 박사가 20여 만 건에 이르는 전 세계의 창의적인 특허를 뽑아 분석한 결과로 얻은 40가지 원리를 응용한 것이다. 발명적 문제 해결 이론 (Theory of Inventive Problem Solving, TIPS)이라고도 한다. TRIZ는 주어진 문제에 대하여 가장 이상적인 결과를 정의하고, 그 결과를 얻는 데 관건이 되는 모순을 찾아내어 그 모순을 극복할 수 있는 해결안을 얻을 수 있도록 생각하는 방법에 대한 이론으로 정의할 수 있다(위키피디아, 2016).

제4장

문제해결 과정과 기법

1. 문제해결 과정

직장인들은 업무 수행 과정중 수많은 문제를 직면하게 되고, 이러한 부딪치는 문제를 적절하게 처리하여야 한다. 그러나 같은 문제라고 하더라도 사람마다 해결하는 방법이 다르다. 즉, 문제처리능력은 문제점의 근본원인을 제거하기 위해 해결방안을 모색하는 능력으로 문제해결절차를 의미한다. 문제해결절차는 아래의 그림과 같다.

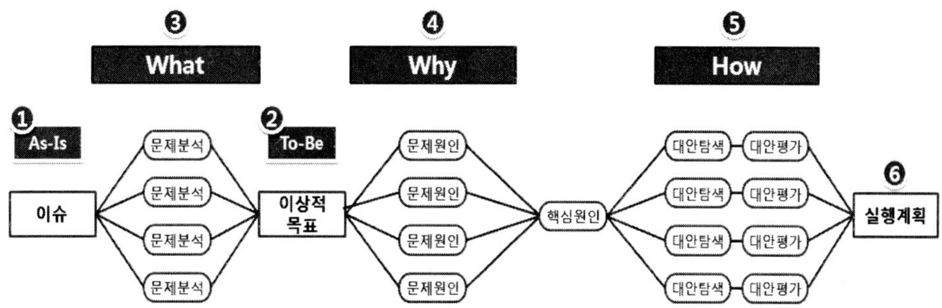

[그림] 문제해결과정 절차모형

① **문제 인지 단계**[As - Is]

조직 내에 존재하고 있는 문제를 인지하는 단계로 바람직하지 못하여 해결·개선해야 하는 현재의 상황, 기획을 통해 달성할 수 있는, 아직 실현되지 않은 가치나 욕구 또는 개선기회등을 의미한다.

② **목표 설정 단계**[To - Be]

목표는 기획을 통하여 달성하고자 하는 바람직한 미래 상태로 진술하고, 바람직한 목표와 현재 상태간의 차이를 파악하고 줄이는 방안을 강구한다.

③ **정보수집 및 문제진단단계**[WHAT 트리]

문제를 진단하는 단계로 의사결정이 필요한 문제와 기회를 찾고 정보를 수집하는 활동이다. 문제의 특성을 분석하고 문제의 우선순위를 고려하여 해결해야하는 문제를 결정하고 문제를 정의한다.

④ **문제의 원인 분석단계[WHY 트리]**

상황분석(목표와 연관된 정보와 자료, 통계 등 수집)을 하는 단계이다. 상황분석은 목표가 설정된 후 현재 및 미래의 상황을 파악하여 목표를 달성하는데 예상되는 장애요인과 문제점(기존의 문제점과 예상되는 문제점)과 목표달성 관련 요인들을 규명하는 것이다.

상황의 분석과 판단을 위해서 목표와 관련된 정보자료를 수집·분석하고 이를 바탕으로 장래의 가능한 상태를 예측한다. 이때, 정보는 각종 통계와 간행물, 연구 논문 등에 제시된 과거의 추이와 현황, 미래전망에 관한 제반지식과 통계, 연구결과 등 모두 포함한다.

⑤ **대안 탐색 및 선택 단계[HOW 트리]**

목표달성을 위하여 필요한 모든 대안을 모색하는 단계이다. 설정된 목표를 달성할 수 있는 가능한 복수의 대안을 찾아내고 분석하는 과정으로 대안을 개발한다는 것은 대안을 찾는 것과 대안을 설계하는 것 두 가지를 의미한다. 대안을 찾는 것은 이미 존재하는 대안들 중에서 좋은 대안을 찾는다는 의미이고, 이와 반대로 대안을 설계하는 것은 존재하는 대안을 찾는 것이 아니라 새로 만든다는 의미이다.

최선의 방안을 선택하고 결정(대안들의 장단점, 문제점을 분석, 대안을 비교 검토 후 가장 바람직한 대안 선택결정)하는 단계이다. 복수의 대안들을 탐색하고 결과를 예측하며 각 대안의 결과 비교・평가하고, 목표를 가장 잘 충족시킬 최적의 대안 선택할 수 있다. 최적의 대안을 선택하기 위한 평가기준을 살펴보면 다음과 같다.

<평가기준>

- **효과성:** 설정된 목표를 달성할 수 있는가
- **능률성:** 투입 대비 산출은 적정한가
- **창의성:** 대안은 참신하고 독창적인가
- **형평성:** 대안의 시행결과로 인해 자원이나 가치 등이 문제관련 당사자 간에 얼마나 공정하고 정당하게 배분되는가
- **적합성:** 목표 달성을 위한 수단이 합법적이고 적합한가
- **실현가능성:** 예산 확보여부, 기술적 가능성, 소요인력과 자재 확보 등의 현실적인 실현 가능성이 있는가

⑥ 실행 계획 단계

선택된 최선안을 중심으로 효과적인 집행을 위하여 세부계획을 수립하고 집행을 준비하는 단계이다. 실행 계획이 효율적으로 집행되려면 언제, 누가, 어디서, 무엇을, 어떻게 수행할 지에 관한 상세한 실천계획(구체적 일정을 포함한 세부목표와 주관부서 명시)과 부수적 행정조치(관계법령 정비, 인원배정, 재정지원·예산조치 등 포함)이 마련되어야 한다.

장시간의 회의 결과 "다음 회의까지 이렇게 하자"라는 결론을 얻었음에도 실제로는 대부분의 계획이 실행되지 않는다. 이런 경우 목표 설정 자체에 문제가 있었을 가능성이 높다. 목표 설정이 애매하면 행동으로 연결될 수 없다. 따라서, SMART법칙에 의해 목표를 설정하면 다음과 같다.

S는 Specific, 구체적으로 라는 뜻이다. 목표는 슬로건이나 비전과는 다르다. 실현 가능한 미래의 모습을 상상할 수 있을 정도로 구체적이어야 한다. "무엇을 할 것인가?" "누가 할 것인가?" "언제 할 것인가" "왜 해야하는가?"를 생각하는 것이 좋다.

M은 Measurable, 측정가능한 이란 뜻이다. 목표 달성을 측정할 수 없다면 목표라고 말할 수 없다. 숫자로 명확하게 설정해야 한다.

예를 들어 “이 안건에 대해 타 부서와도 커뮤니케이션을 도모한다”는 것은 측정 불가능한 목표다. SMART기법에서는 “영업부, 인사부에 대해서도 안건 설명회를 각 2회 실행한다”라고 한다.

A는 Achievable, 달성가능한 이란 뜻이다. 거창한 목표보다는 실제로 달성할 수 있는 목표를 제시할 때 행동으로 연결된다는 의미다. 달성할 수 있을 것 같은 목표라면 누구나 해보자는 의욕이 생긴다. 한편 앞길이 멀고 애매모호한 목표에 대해서는 어차피 불가능할 것 같아 동기부여가 되지 않는다.

R은 Result-oriented로 성과에 근거한다는 뜻이다. 목표설정은 성과에 대한 것이어야 한다는 말이다. 목표 달성을 위한 과정이나 프로세스에 대한 것이 아니라 달성하고자 하는 서과에 대해 목표를 설정하도록 한다.

T는 time-bound, 기한 설정을 말한다. 목표에는 반드시 기한이 있어야 한다. ‘빠른 시간 안에’ 또는 ‘중장기적으로’라는 애매한 표현 대신 구체적으로 기한을 정하는 것이 포인트다.

목표를 세울 때는 SMART의 5개 항목에 대해 체크리스트 같은 것을 만들어 스스로 체크하도록 한다. 부하직원에게 지시를 내릴 때에도 SMART를 의식하면 애매모호함을 없애고, 부하직원도 목표 달성을 위해 더 빠르게 움직일 것이다.

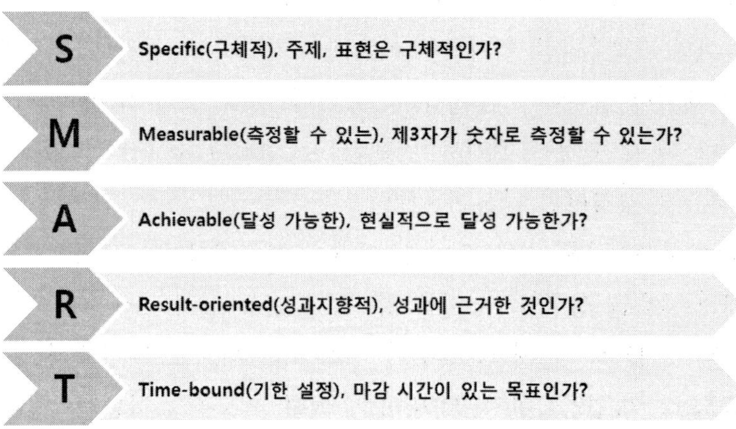

[그림] SMART 체크리스트

2. 문제해결 기법

가. 문제 진단을 위한 What 트리기법

1) Duncker 도표를 활용한 핵심문제 도출

Duncker 도표는 문제해결자의 현재상태를 기술하고 어떤 방향으로 나아가고 싶은지 희망상태를 기술하여 실제 문제를 파악하는 하나의 수단이다. 이 도표는 현재상태(문제진술)에서 희망상태(수용할만한 문제해결책)로 진행하는 두 개의 주요 경로(일반해법)을 포함한다. 이때 희망현재는 현재상태에 존재하지 않는 문제에 대한 해법을 포함해서는 안 된다.

1 표의 왼쪽 일반 해결책은 현재상태에서 희망상태를 이루기 위하여 어떻게 이동할 것인지를 보여준다.

2 표의 오른쪽 일반 해결책은 어떻게 희망상태를 이루지 않아도 괜찮은지를 보여준다.

각 경로에 두 개의 단계가 포함된다. 가능한 각 경로를 위해, 처음에 기능적 해결책을 정하고 나서 특정 해결책을 정한다. 기능적 해결책은 현재상태로부터 희망상태를 달성할 수 있을지 없을지의 방향으로 진행하기 위하여 할 수 있는 것을 말해준다. 여러 가지의 기능적 해결책을 도출한 후, 각각의 기능적 해결책을 위한 특정 해결책을 도출한다. 특정 해결책은 기능적 해결책을 어떻게 실행할 것인가를 말해준다. 이렇게 도표를 완성한 후, 새로운 문제 진술을 작성할 수 있는데 구체적인 예는 다음과 같다.

25년동안 초등학교 교단에서 일해온 K교사는 6개월간의 휴가를 마치고 2월달에 다시 교직으로 돌아가기로 되어 있다. 그러나 그는 지난 수년간 몹시 힘들고 심한 스트레스가 있었고 예전에 교육에 대한 열정을 다 써버린 느낌이어서 다시 가르치러 돌아가기가 두려웠다. 학생들은 점점 통제가 힘들어보였고, 이러한 점이 그는 선생님이라기보다는 경찰관처럼 느끼게 만들었다.

K교사는 수업에 필요한 자료를 만드는 일도, 학부모들과 상담에서도 자녀의 교육관에 대해서 관심을 가지지 않고 있다. 그는 6개월간의 휴가 동안 그만의 시간을 즐기길 원했고 은퇴가 가까워질수록 좀더 자기만의 시간을 가지길 원했다. K교사는 연금을 받고 은퇴하기 위하여 5년을 더 기다려야 한다. 그리하여 K교사의 현재상태는 학교로 돌아가는 것이고 희망상태는 학교로 돌아가지 않는 것이다.

Duncker 도표를 사용하여 K교사의 문제를 분석해보았을 때 실제문제는 6개월 간의 휴가를 갖기 전에 골칫덩어리 반을 맡으면서 심한 스트레스를 받은 것이라는 점을 알게 되었다. 그는 실제 문제가 다른 학년을 가르쳐서 직장에서 받는 스트레스를 낮추는 방법을 찾는 것이라는 문제를 확인할 수 있었다. 따라서, 새로운 문제진술은 "직장에서 스트레스를 낮출 다른 학년을 찾아라" 라고 정의 내릴 수 있다.

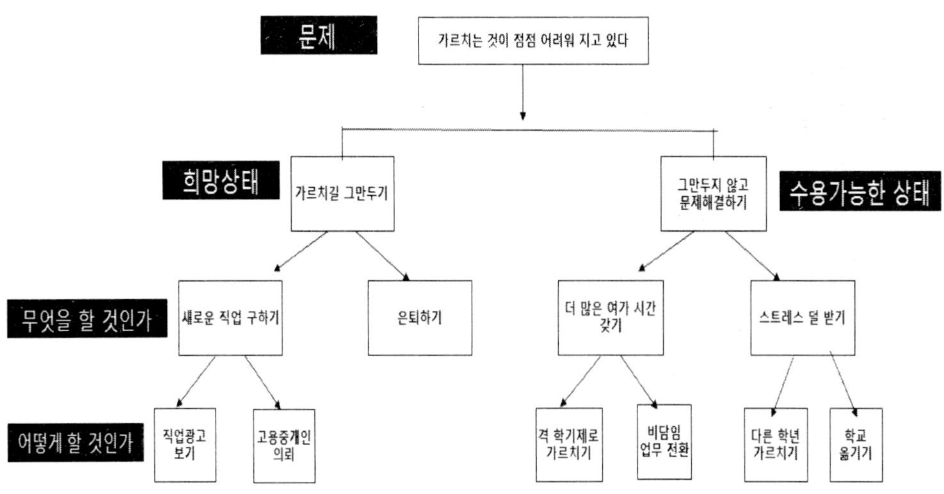

출처: Fogler & Leblanc(2008).

학습활동

다음 사례를 읽고 Duncker 도표를 개발해보고, 새로운 문제를 정의해보시오.

> 직장인 A씨(남. 38세)는 직장에서 과도한 업무에 시달리다 보니 퇴근 후에는 거의 파김치가 될 정도라 집에 가면 쓰러져 자기 바빠 가족과 정상적인 여가생활을 가질 여유가 없다고 말한다. 회사 일에 대한 스트레스 때문에 그나마 월 1회씩은 가졌던 여행도 힘들다고 말하지만 사실은 최근 들어 건강에 장애가 생겼기 때문이다. 하루 종일 자신만 바라보고 있는 가족과 마주치는 것이 두려워 일부러 야근을 하고 주말에도 회사에 나가는 등 가족들과의 여행과 여가활동을 피하고 있다는 것이다.
>
> 최근 직장에서 새로운 프로젝트를 추진 중에 있는 K씨(35세)의 경우도 비슷한 케이스다. 회의가 끝나면 자연히 회식자리로 이어지고 과도한 음주가 반복되는 생활로 인해 30대 중반인데도 불구하고 뒷목이 뻐근하다. 혈액 순환에도 문제가 생겼고 이로 인해 형식적으로나마 하던 주말외식과 여가생활도 힘들어져 어쩔 수 없이 주말마다 가족들을 외롭게 만들고 있다.

문제 | 직장인들은 과도한 업무에 따른 스트레스로 가족과의 여가생활이 힘들다.

↓

2) 문제범위확대기법을 활용한 문제 재정의

문제범위확대기법은 처음에 설정한 문제를 서로 다른 형태로 분해하고 재구성해서 문제를 다시 분석하고 진단하는 기법이다. 이 기법은 문제의 범위를 확대해 가면서 문제를 다른 각도에서 접근하고, 문제를 달성하기 위한 수단을 목표로 설정하는 기법이다. 이 기법은 자원의 배정문제, 기업경쟁력 강화방안, 경영혁신의 실패원인 분석, 신시장 진출실패 등 복잡한 구조를 가진 문제를 분석하는데 유용하다. 다음과 같은 적용단계를 거쳐 문제를 재정의 할 수 있고, 구체적인 예를 통해 문제를 도출해보면 아래와 같다.

① 문제의 해결 목표로부터 출발한다.
② 문제의 해결 목표를 서로 다른 형태로 표현하고 재구성한다.
③ 재구성된 목표를 달성하기 위한 방법을 찾아본다.
④ 재구성된 목표와 해결방안을 처음 문제와 다시 비교해서 문제를 정확하게 찾는다.

국내 한 대학의 B교수는 중간고사 시험과 관련하여 어떤 학생의 문자 제보를 받고 고민에 빠졌다.

"교수님, 안녕하십니까? 말할까말까 고민하다가 말씀드려요.. 어제 시험치면서 부정행위를 본거 같아서요.. 시험 다 치고 나가는 학생에게 시험을 보고 있는 학생이 손으로 시험지를 가리키며 표정으로 알려달라고 하였습니다.. 그리고 시험 다 친 학생이 나가고나니 시험지에 표시를 하더군요.. OX문제나 단답형 중에 하나인거 같은데.. 이럴 경우 어떻게 해야 하나요?"

기말고사 시험에서는 이러한 문제가 재발하지 않도록 개선하고자 한다. 이 문제를 해결하기 위해서 문제범위확대 기법을 사용하여 문제를 재정의 해보자.

① **문제의 해결 목표로 부터 출발**
어떻게 하면 학생들의 부정행위를 차단할 수 있을까?

② **문제의 해결 목표를 서로 다른 형태로 표현하고 재구성**
- 공부한 만큼 점수를 받을 수 있다는 동기를 부여하여 학습에 대한 의욕을 고취시켜서 부정행위를 방지한다.
- 부정행위에 대한 불이익을 강화하여 학생들에게 시험에 대한 인식을 개선한다.

- 부정행위를 방지하기 위한 자리 재배치, 문제 유형의 순서를 달리하여 평가한다.

③ 재구성된 목표를 달성하기 위한 방법

- 시험 전 학생들은 양심선언 차원에서 정직하고 명예롭게 시험에 응한다는 서약서를 작성하고 시험을 치른다.
- 부정행위자끼리 답을 주고받기 상대적으로 어려운 서술형으로 모든 문제를 구성한다.
- 시험 감독 인원을 추가로 배치하여 시험 감독을 강화한다.
- 오픈 북 또는 오픈페이퍼 시험을 도입하여 단순 암기나 지식만의 평가를 지양하고 부정행위를 사전에 방지한다.

④ 재구성된 목표와 해결방안을 처음 문제와 다시 비교해서 문제를 재진술

단순한 부정행위의 차단 문제가 시험평가 내용의 질적 개선과 공정성을 높일 수 있는 평가방법의 문제로 재정의 할 수 있다.

나. 문제 원인 분석을 위한 WHY 트리기법

1) 인과도표를 활용한 문제 원인 분석

인과도표는 문제에 어떤 요인이 어떤 관계로 영향을 미치고 있는지 보여주어 문제의 원인규명을 쉽게 할 수 있게 도와주는 방법으로 문제의 근본원인을 찾아 나가는 과정을 그림으로 표시한 것이다. 그림이 마치 물고기의 뼈 같은 모양을 하고 있어 '피쉬본 다이어그램'이라고도 한다. 이 기법은 문제의 잠재적 원인을 순서대로 범주화하고, 그 범주에 속하는 프로세스상의 문제들(잠재적 원인들)을 모두 기술한 뒤에 그 중에서 근본적 주요 원인을 찾아 나가는 방식으로 진행된다.

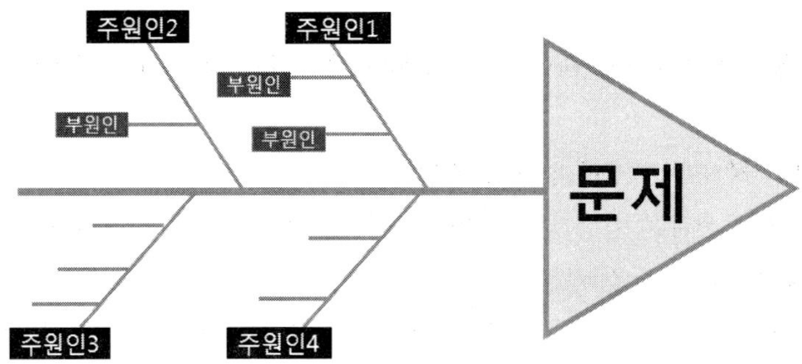

[그림] 인과도표(피쉬본 다이어그램)

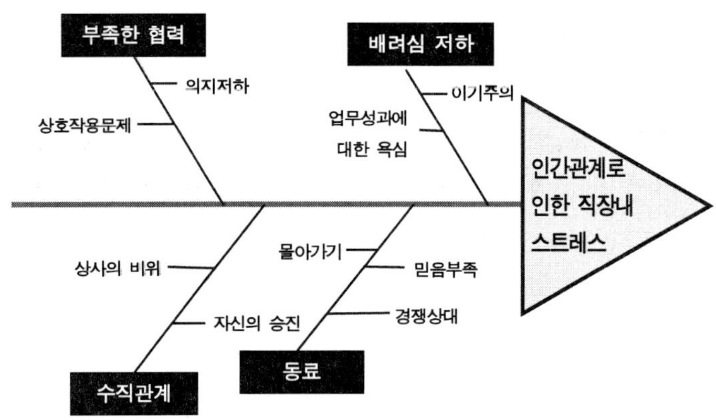

[그림] 인과도표 사례01(인간관계로 인한 직장스트레스 원인 분석)

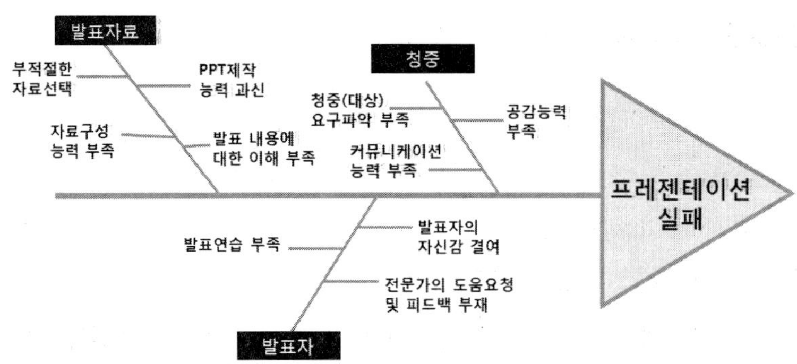

[그림] 인과도표 사례02(프레젠테이션 실패 원인 분석)

2) 육하기법(5W1H)를 활용한 문제 원인 분석

육하기법(5W1H)는 문제의 특성을 who, what, where, when, why, how의 관점에서 다양한 질문을 만들어서 그에 대한 답을 함으로써 문제를 분석하는 기법이다. 이 기법은 각 요소에 관한 다양한 질문을 통해서 보다 넓게 분석하는 방법으로 대안 개발 과정에서도 활용이 가능하다. 적용단계는 문제와 관련된 사람(who)에 대한 다양한 질문을 만들고 이에 답을 한다. 둘째, 문제에 관련한 대상 및 사물(what)에 대한 질문과 답, 문제에 관련한 장소(where)에 대한 질문과 답, 문제에 관련한 시간(when)에 대한 질문과 답, 문제에 관련한 원인(why)에 대한 질문과 답, 문제에 관련한 얼마나, 어떻게에 대한 질문과 답을 만들고 이렇게 수집된 정보를 기초로 문제를 분석한다.

대형 유통 회사의 물류 사업부에서는 제품을 운송할 때 교통위반 티켓을 많이 받는 것으로 나타났다. 이에 따라서 물류회사의 비용이 증가되고, 나아가서는 교통 사고율까지 높아지는 것으로 나타났다. 따라서 물류 사업부의 본부장은 교통 위반 및 교통사고를 줄이기 위해서는 교통위반 티켓이 적고, 교통사고가 적은 직원들을 격려하기로 하였다. 먼저, 육하기법을 이용해서 교통위반과 동기부여(보상)에 관한 다양한 질문을 작성하고 그 질문에 답을 만들었다.

분석결과, 교통위반과 교통사고를 줄이기 위해서는 동기부여(보상)라는 수단만 가지고는 한계가 있음을 알 수 있게 되었다. 교통위반과 교통사고가 높은 것은 과다한 배달 목표 때문인 것으로 분석되었다.

[표] 육하기법 사례(교통위반 원인 분석)

분 류	질문과 답
Who	누가 직원인가? – 제품을 배달하는 운전기사 누가 교통위반을 많이 하는가? – 모든 운전기사의 위반율과 사고율이 유사 누가 동기부여를 받아야 하는가? – 교통위반 티켓과 사고가 적은 기사
What	교통위반이란 무엇인가? – 일정 수준의 벌금이 부과되는 교통 위반 교통사고란 무엇인가? – 자동차가 파손되고 운전기사가 다치는 사고 동기부여란 무엇인가? – 직원의 교통위반을 줄이고 사고위험을 줄일수 있는 원동력 직원들이 원하는 동기부여 방안은 무었인가? – 경제적 보상
Where	어디에서 위반과 사고가 많이 나는가? – 고속도로, 고속화도로 어디에서 동기부여를 받아야 하는가? – 직장
When	엔제 교통위반을 많이 하는가? – 일요일과 금요일 언제 동기부여를 받아야 하는가? – 교통위반 티켓과 교통사고가 적을때
Why	왜 교통위반을 많이 하는가? – 교통량이 많음, 배달해야하는 제품이 많음 왜 동기부여를 받아야 하는가? – 교통위반과 교통사고를 줄이기 위함
How	교통위반이나 사고가 얼마나 발생하는가? – 경쟁사 대비 20%이상 많음 운전기사가 배달하는 제품의 수는 얼마인가? – 경쟁사 대비 20%이상 많음

출처: 김상수(2009).

학습활동

다음 사례를 읽고, 선임직원 '김철수'의 입장에서 아래의 질문에 답해보자.

직무만족과 관련하여 대부분의 종업원들은 동료직원들이 가장 중요하다고 하지만, 한 동료직원이 불만스러워지면 흔히 다른 종업원들도 불만스러워지는 경우를 보게 된다. K 대기업의 선임직원인 김철수 씨의 예를 보자. 한 때 김철수와 한 동료였던 이민성 동료는 가까운 직장 친구였다. 점심도 함께 하고 커피도 서로 먼저 사려하고 일상적인 업무도 서로 도와가며 지냈다. 그러던 중 휴가기간을 둘 다 같은 날짜에 하려고 하자, 김철수 씨가 선임직원이라는 이유로 휴가를 먼저 가지게 되자 이들 사이는 멀어지게 되었다. 그 동료직원은 김철수 씨에 대해서 다른 직원에게 불쾌한 언행을 하거나 업무 협조를 하지 않는 등 문제를 일으키고 있다.

1) 선임직원 '김철수'의 입장에서 문제가 무엇인지 도출하시오.
2) 육하원칙(5W1H)기법을 활용하여 문제의 원인을 분석하시오.

다. 문제해결 대안을 위한 HOW 트리기법

1) PMI 기법을 활용한 문제해결 대안탐색

PMI기법은 De Bono(1973)가 개발한 CoRT(Cognitive Research Trust) 프로그램 속의 사고 기법으로 특정한 문제에 대해 긍정적 측면, 부정적 측면과 호기심의 측면을 골고루 이끌어 내어, 신중함과 개인의 기호에 대한 주관성을 확립시키면서 창의성을 개발하는 사고의 틀을 마련해 준다. 이 기법은 Plus(+), Minus(-), Interesting의 약자로서 어떠한 주제나 사항에 대해 좋은 점, 나쁜 점, 흥미로운 점을 찾아내는 사고기법이다. Plus(+)는 좋은 점, 좋아하는 이유, 긍정적인 측면 등에 대한 사고를 이끌어 내는 영역이다. Minus(-)는 나쁜 점, 싫어하는 이유, 부정적인 측면에 대한 사고를 이끌어 내는 영역이며, Interesting은 흥미롭거나 눈길을 끄는, 관심을 끌거나 호기심을 불러일으켜 내적 동기를 발생시키는, 혹은 독특하거나 재미있는 것들에 대해 사고를 이끌어 내는 것이다. 주의할 점은 아이디어를 산출할 때, P, M, I를 철저히 분리해서 생각을 해야 한다는 것이다. 이 기법은 동시에 여러 가지 요인들이 혼합되어 작용하는 사고의 상황에서 하나 하나씩의 단계를 거쳐 보다 냉철한 판단아래 사고를 전개시킬 수 있는 이점을 가지고 있다.

학습활동

다음 사례를 읽고 스마트시대의 독서부재에 대한 해결안에 대해 PMI기법을 활용하여 탐색해보자.

> "그 사람의 인격은 그 사람이 읽은 책으로 알 수 있다." 영국 작가 새뮤얼 스마일스가 한 말이다. 그만큼 독서는 한 사람의 인격 형성에 지대한 영향을 미칠뿐더러 나아가 인생의 해답을 찾기도 한다. 오늘날 차분히 책을 벗할 수 있는 여유가 부족해진 것이 사실이다. 그러나 그 속에서도 성공한 자들, 지각 있는 사람, 삶에 대해 깊이 고민하는 사람들의 공통점은 결국 '독서'로 귀결된다.
>
> 10년 전만 해도 지하철에서 책을 읽는 사람을 흔히 볼 수 있었다. 출퇴근길의 지루함을 '독서'로 달랬다. 공원 잔디에 누워 독서하는 사람들도 심심치 않게 볼 수 있었다. 그러나 지금 버스와 지하철을 타보면 차내 풍경이 달라졌음을 쉽게 느낄 수 있다. 100명 가운데 95명의 눈이 스마트폰을 향해 있다. 최신 뉴스기사를 검색하고 동영상을 보고 휴대폰 게임을 하면서 지루함을 이겨낸다.
>
> 스마트폰의 '스마트한' 문명이 일상 깊숙이 스며들면서 현대인의 생활풍경도 '스마트하게' 변한 것일까. 우리는 정보를 더 이상 책이 아닌 스마트폰에서 얻는다. 책을 외면하기 시작했다. 책을 읽고 사색할 시간이 '없어졌다'고 푸념한다. 그 속에서 '나'라는 사람이 어떤 성향인지, 어떤 자극에 반응하는지 등을 깨닫지도 못한채 살아가고 있다. 즉 검색이 사색을 방해하고 있다.

아이디어	사용자 맞춤형 스마트 북을 개발하여 독서활동을 적극적으로 홍보한다.
Plus (아이디어에 대한 긍정적인 면)	이동시에도 독서 가능, 틈새시간에 활용할 수 있음, 사용자의 성향에 맞춤형 책을 제공가능, 책 검색에서 구매까지 신속하게 해결, 일반책보다 가격이 경제적이다. 책 손상 위험이 적다. 보관상 편리하고 다양한 분야의 책을 쉽게 접할 수 있다
Minus (아이디어에 대한 부정적인 면)	스마트기기에 익숙하지 않은 노인, 어린이, 장애인 등에 대한 접근 용이성 부족, 개발비용의 부담, 스마트기기인한 전자파 영향, 눈 피로와 같은 건강상의 문제 발생 가능

Interesting 아이디어에 대한 흥미로운 면)	책 선별기능을 통한 맞춤형 책을 제공함으로써 독서에 대한 흥미 유발, SNS서비스를 활용한 도서 이벤트를 병행하여 독서관심 유도, 여러 사람들과 그 책과 관련된 느낀 점을 공유할 수 있다. 책을 읽음과 동시에 모르는 점, 새로운 생각들을 바로 검색할 수 있다.
아이디어에 대한 종합의견	사용자 취향에 맞는 책을 추천해주는 앱 개발과 이벤트 마케팅을 통해 독서활동을 증가시킬 수 있다.

2) SWOT분석을 활용한 문제해결대안 도출

SWOT분석은 기업의 내부환경과 외부환경을 분석하여 강점(strength), 약점(weakness), 기회(opportunity), 위협(threat) 요인을 분석 평가하고 이를 토대로 전략을 수립하고 문제해결 방안을 개발하는 기법으로, 미국의 경영컨설턴트인 알버트 험프리(Albert Humphrey)에 의해 고안되었다(시사경제용어사전, 2010).

SWOT분석은 내부환경요인과 외부환경요인의 2개의 축으로 구성되어 있다. 내부환경요인은 자사 내부의 환경을 분석하는 것으로 분석은 다시 자사의 강점과 약점으로 분석된다. 외부환경요인은 자사 외부의 환경을 분석하는 것으로 분석은 다시 기회와 위협으로 구분된다. 내부환경요인과 외부환경요인에 대한 분석이 끝난 후에 매트릭스가 겹치는 SO, WO, ST, WT에 해당되는 최종 분석을 실시하게 된다. SO는 강점과 기회가 겹치는 부분으로 내부강점과 외부기회를 극대화하기 위한 대안을 도출한다. WO는 외부기회를 이용하여 내부약점을 강점으로 전환하기 위한 방법을 도출한다. ST는 외부위협을 최소화하기 위해 내부 강점을 극대화하는 방법이 도출되며, WT는 내부약점과 외부 위협을 최소화하기 위한 방법을 도출한다(NCS매뉴얼, 2015).

SWOT분석은 외부로부터 온 기회는 최대한 살리고 위협은 회피하는 방향으로 자신의 강점은 최대한 활용하고 약점은 보완한다는 논리에 기초를 두고 있다.

SWOT 분석에 의한 전략내용은 다음과 같다(시사경제용어사전, 2010).

- SO전략(강점-기회 전략): 강점을 살려 기회를 포착
- ST전략(강점-위협 전략): 강점을 살려 위협을 회피

- WO전략(약점-기회 전략): 약점을 보완하여 기회를 포착
- WT전략(약점-위협 전략): 약점을 보완하여 위협을 회피

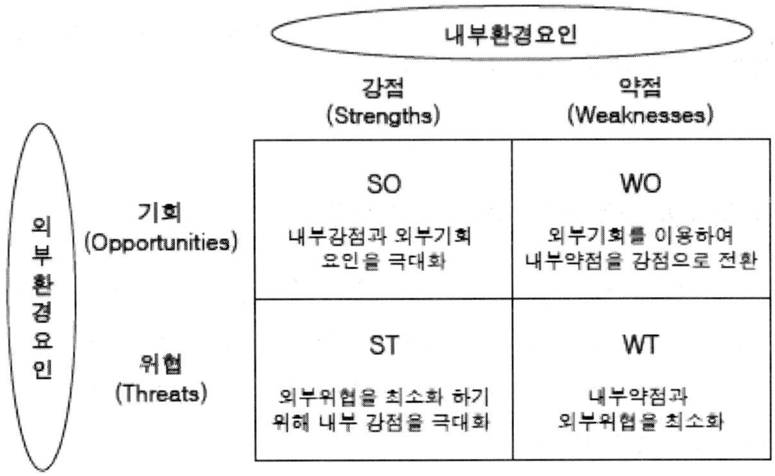

[그림] SWOT분석 다이어그램

학습활동

다음의 직장생활에서 발생한 문제의 해결대안을 SWOT분석표를 활용하여 제시해 보자.

컨설팅회사에 다니는 정모(27)씨는 퇴근 후에도 휴대전화를 놓지 못한다. 회사 e메일 수신 알람 때문이다. 정씨는 “팀 전체에 대한 단체 메일이 많지만 신경 쓰인다”며 “수신 확인이 되는 데다 다음 날 내용을 모르면 눈치가 보여 자세히 읽어봐야 한다”고 했다. 스마트폰을 휴대한 이상 업무 지시에 대해 ‘항시 대기’ 상태가 된다고 하였다.

‘카톡 카톡’. 새벽 2시 뜬금없는 스마트폰 알림음에 강대리는 아내와 함께 눈

을 떴다. '○○에서 온 메일 확인하고 처리할 것', 부산으로 출장 간 팀장이 팀원들이 모두 있는 단체 채팅방(단톡방)에 보낸 업무지시였다. 강대리는 새벽까지 업무지시를 내리는 팀장의 행동에 순간 화가났지만 '수고하십니다'는 답을 보내고 다시 잠을 청했다.

이렇게 식사를 할 때나 휴식시간에는 물론이고 퇴근 후나 주말에도 스마트폰을 손에서 놓지 못하고 수시로 메신저를 확인한다면 메신저 증후군에 걸렸을 확률이 높다. 메신저 증후군을 호소하는 사람들은 주로 평사원들이 많다.

SWOT 분석표		강점(S)	약점(W)
기회(O)		SO전략(강점-기회전략)	WO전략(약점-기회전략)
위협(T)		ST전략(강점-위협전략)	WT전략(약점-위협전략)
종합(문제해결대안)			

종합하기

1. 다음중 문제의 의미에 대한 설명이 아닌 것은?

① 업무를 수행함에 있어 해결해야 되는 사항
② 목표와 현상간의 차이가 없는 경우
③ 해답을 얻는데 필요한 행동방법을 모르는 경우
④ 해결을 원하지만 그 방법을 모르고 있는 상태

2. 다음중 창의적 문제유형과 관련된 내용은?

① 직장생활에서 발생한 문제는 논리적인 방법으로 해결해야 한다.
② 업무수행 과정에서 발생한 문제는 분석적인 방법으로 접근하여 해결한다.
③ 현재 문제가 없더라도 보다 나은 방법을 찾기 위한 문제 탐구로 접근한다.
④ 현재의 문제점이나 미래의 문제로 예견될 것에 대한 문제로 문제자체가 명확하다.

3. 다음 상황은 문제의 유형(발생형, 탐색형, 설정형)중 어느 것에 해당되는가?

① 기획부서의 J에게 자동차 생산 분야로 진출하는데 있어서 발생 가능한 문제를 파악하라는 지시가 내려왔다.

② 경쟁사의 품질 수준이 자사의 품질 수준보다 높다는 신문기사가 발표된 후 자사 상품의 판매부진이 누적되고 있다.

③ 생산부서의 K는 중국에 생산라인을 설치할 때 고려해야 하는 문제들이 무엇인지를 판단해야 하는 상황에 처해 있다.

4. 다음 사례를 읽고 문제 해결을 위해서 갖추어야 하는 사고는 무엇인지 설명하시오.

> 대기업 영업팀에서 근무하는 직장인 A(31)씨는 퇴근 후에도 퇴근했다는 시원한 느낌을 잘 받지 못한다. 친구들과 저녁을 먹다가도, 조용히 책을 보다가도 수시로 자신의 팀 '단톡방'(카카오톡 단체 채팅방)이 울려대기 때문이다.
>
> "○○에서 온 메일 확인하고 처리할 것", "판매동향 체크해서 보고" 등의 수많은 지시가 이 단톡방을 통해 내려진다.
>
> 스마트폰을 이용해 언제 어디서든 회사 메일에 접속할 수 있기 때문에 뭐라고 핑계를 대기도 쉽지 않다. 상당수는 당장 처리해야할 만큼 다급한 업무가 아니라고 느끼지만 A씨는 저녁 식사 도중에도 스마트폰을 확인하는 게 습관이 돼버렸다. 휴일도 마찬가지다. 월요일 오전에 중요한 회의라도 있으면 주말에도 팀장의 "확인해라"는 지시로 단톡방이 들썩인다.

5. 다음 상황에서 문제를 해결하는데 장애가 되는 요소는 무엇인지 설명하시오.

> D기관장이 얼마 전 겪은 일이다. 아침 출근길에 회사 정문 앞에서 얼굴을 찌푸리며 혼잣말로 "어디서 퀴퀴한 냄새가 나네"라고 중얼거린 적이 있었다. 다음날 인부 여러 명이 땅을 파헤치고 있는 희한한 광경을 보고 깜짝 놀랐다. 알고 보니 자신이 아침에 했던 한마디 때문에 원인을 찾는다며 주위의 도로를 파헤치고 있었던 것이었다. 윗사람 눈치를 많이 보는 문화와 '상사가 시키는 대로 하면 손해 보지 않는다'라는 생각이 빚어낸 결과였다. D기관장의 별 뜻 없는 말이었음에도 숨겨진 의미를 알아내려고 과도하게 생각하다 보니 일어난 일이었다.

6. 다음 사례에 대해 퍼실리테이션 입장에서 어떻게 대처할지 적으시오.

> 후배 B씨는 무엇인가를 시키면 일반적인 업무시간의 3배가 더 걸린다. "다 됐어요?" 라는 질문이 3번쯤 나왔을 때에야 "아직 불안하지만 보여드리겠다"며 서류를 넘긴다. 서류의 첫 부분에 말도 안 되는 실수를 연발하면 이 사람에게 일을 분담할 수 없겠다는 불안감이 엄습해온다. 잘 모르겠으면 물어보면 되는데 물어보지도 않고 입술을 깨물며 모니터만 바라보고 있으니 속이 터진다. 서류작업은 안되겠다 싶어 전화 연락을 부탁하면 질문 하나 나올 때마다 전화를 막고 물어본다. 혼자 일할 수도 없고, 같이 일하긴 더 힘드니 난감한 지경이다.

7. 다음 사례를 읽고, '현재 상태', '바람직한 상태', '문제'에 대한 내용을 적으시오.

> 올해만 해도 직장인 43%의 연봉이 동결됐다. 경제가 불안할수록 늘어나는 연봉동결과 이직 준비는 신입과 경력직 모두 해당되는 이야기다. 현실적으로 취업을 해도 연봉이 오르기 어렵거나 더 좋은 회사로 이직을 준비하기 위해서는 직장인들에게 자기계발이 꼭 필요한 사항이 돼버렸다.

8. 다음 사례를 읽고, 문제해결을 위한 WWH트리를 완성하시오.

> 대기업에 다니는 A씨는 매일 아침 회의가 두렵다. A씨 부서에서는 개발한 상품의 품질에 문제가 발견되어 리콜(결함 보상) 조치가 내려진 가운데 이를 두고 개선책을 찾는 회의를 가졌다. 회의를 거듭해도 뚜렷한 해결책을 찾지 못하자 다혈질 부서장은 점점 신경이 날카로워졌다.
>
> 얼마 전 회의에선 돌아가며 한 가지씩 해결책을 내놓으라는 지시가 떨어졌다. B차장이 먼저 입을 뗐다. 그런데 부서장은 "근속이 몇 년인데 그 정도를 해법이라고 내놓나.

생각 좀 하고 말하라" 고 면박을 줬다. 얼굴이 빨개진 B차장은 후배들 앞에서 수십 분 동안 폭언을 들어야만 했다. 이 일이 있은 뒤로 다들 말을 아끼면서 침묵이 회의를 지배했다. 그 이후로도 갈등은 업무를 시작하고 준비하는 회의에서부터 시작되었다. 부서장은 "대리인데 아직도 그걸 못하냐" "여긴 ○○씨가 끼어들 자리가 아니야" "아 됐고 이렇게 해" "니들 수준으로 내는 아이디어는 다 거지같은 생각이야" 등과 같은 말로 회의를 갈등유발 무대로 만들기 일쑤였다.

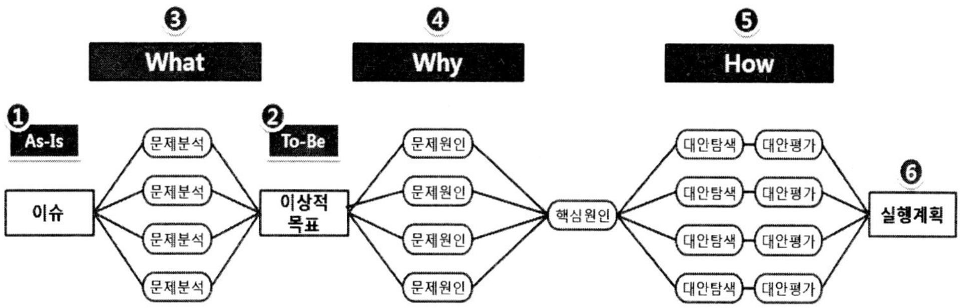

[그림] 문제해결을 위한 WWH 트리

1) 위 사례에 대한 이슈(As-Is ①)를 제시하시오.

2) 문제(As-Is ①)가 해결되었을 때의 바람직한 상태(To-Be ②)를 작성하시오.

3) 현재 문제에 대한 상황을 '문제범위확대 기법'을 활용하여 핵심 문제를 도출하시오(WHAT 트리).

4) WHAT트리로 도출된 문제(③)에 대한 원인을 '인과관계 다이어그램(fish-bone)'을 이용하여 WHY트리로 구성하시오.

5) 도출된 원인(④)에 따라 가능한 해결안(HOW트리)을 'PMI기법'을 활용하여 제시하시오.

6) 여러 해결안(⑤) 중 최종적으로 사용할 해결안에 대한 평가기준(이유)을 밝히고, SMART법칙에 따라 구체적인 실행계획(⑥)을 제시하시오.

제 2 부

문제해결을 위한 조직이해 및 대인관계능력

제 5 장

조직이해와 문제해결

직업인들은 깨어있는 시간의 대부분을 직장에서 보내거나, 자신의 직업과 관련 있는 사람들을 만난다. 직업인은 한 조직의 구성원이 되기도 하지만, 업무를 처리하는 중에 다른 조직의 고객이 되기도 한다. 직업인들은 이처럼 조직에서 일을 한다. 일의 종류와 내용은 조직마다, 개인마다 다르지만 사람들은 자신이 좋아하는 일을 하고 싶어 하며, 더 잘하고 싶어 한다. 조직에서 자신에게 주어진 일을 성공적으로 수행하기 위해서는 조직의 구성과 직무동기 즉, 일하려는 동기와 의지가 강해야 한다. 아래에서는 직업인들이 일하는 조직과 그 근무조건 및 일을 수행하도록 이끄는 힘, 직무동기에 대해 살펴본다.

1. 조직의 이해

우리의 삶은 조직과 밀접하게 이루어진다. 조직은 두 사람 이상이 공동의 목표를 달성하기 위해 의식적으로 상호작용과 조정 행동을 하는 집합체이다. 그러나 단순히 사람들이 모였다고 해서 조직이라고 하지는 않는다. 조직은 목표를 가지고 있고, 구조가 있으며, 목표를 달성하기 위해 구성원들은 서로 협동적인 노력을 하고, 외부 환경과 긴밀한 관계를 갖는다. 조직은 일반적으로 재화나 서비스의 생산이라는 경제적 기능과 조직구성원들에게 만족감을 주고 협동을 지속시키는 사회적 기능을 갖는다.

현대사회에서 직업인의 생활은 조직 내에서 또는 조직과의 관계 속에서 이루어진다. 특히 직업인으로서 조직이란 직장을 의미한다. 직장은 사람들이 일을 하는데 필요한 물리적 장소이며 심리적 공간이다. 물리적 장소란 외형적으로 건물의 형태를 가지고 있는 것을 의미하며, 자신의 업무를 처리하는 활동영역이다. 심리적 공간으로서 직장은 직업인들이 일을 하면서 만족을 얻기도 하고, 좌절감을 경험하기도 하는 무형의 공간이다.

우리 주위에서 볼 수 있는 조직으로는 정부, 기업, 학교, 병원, 군대, 가정, 경찰서, 연구소, 시민단체, 종교단체, 노동조합 등이 있다. 이러한 조직들은 어떠한 기준으로 구분할 수 있을까? 조직의 유형을 구분하는 것은 조직의 성격과 활동을 이해하는데 좋은 나침반이 된다.

먼저 조직은 조직의 구조, 기능과 운영을 규칙과 규정에 의해 정해지는 공식화의 정도에 따라 공식조직(formal organization)과 비공식조직(informal organization)으로 구분할 수 있다. 공식조직은 조직의 구조, 기능, 규정 등이 규칙과 규정으로 정해지고 그 조직 편제와 운영 방침이 구체화, 형식화 되는 정도가 강한 조직을 의미하여 비공식조직은 규칙과 규정으로 인한 조직 운영보다는 개인들의 협동과 상호작용에 따라 자발적으로 형성·운영되는 조직이다.

공식조직은 항상 비공식조직을 동반하며, 그리하여 양자는 보완적 ·촉진적인 상호작용을 함과 동시에 대립적으로도 작용한다. 인간관계론의 입장에서 공식조직은 조직도나 직제에 의해 형성되는 사람과 사람의 관계로 정의되며, 근대관리론의 시조인 C.I.바너드는 둘 이상의 사람들에 의해 의식적으로 조정된 모든 활동이나 힘의 체계를 공식조직이라 정의하고 있다. 즉, 공식조직은 공통의 목적을 합목적적으로 달성하기 위해 일정의 조직구조에 의해 상호 조정되는 인간의 모든 활동으로써 구성되는 하나의 시스템이다. 그 불가결한 요소로서, ① 공통의 목적, ② 커뮤니케이션, ③ 각 구성원의 협동의사 등 세 가지를 들고 있다.

비공식조직은 인간의 일상적인 사회적 상호작용을 통해 공통의 태도, 관습, 이해, 가치를 창출하며 이것이 개인의 행동을 규제하는 규범이 된다. 각 개인은 집단에의 귀속감이나 안정감의 욕구를 충족시키기 위해 집단의 비공식적 규범에 따라 행동한다. 이와 같은 비공식조직은 조직이 요구하는 행동의 실현을 촉진하기도 하고 방해하기도 하는데 그것의 순기능과 역기능을 살펴보면 다음과 같다(이해하기 쉽게 쓴 행정학용어사전, 2010).

첫째, 조직 구성원의 사회심리적 욕구를 충족시켜 준다. 다시 말하면 조직 구성원들은 비공식 집단을 통하여 조직에 대한 귀속감과 자기 신분에 대한 안정감을 느끼게 되어 조직에서 오는 소외감을 감소시켜 준다.

둘째, 공식조직의 기능을 보완(補完)해 주는 역할을 한다. 즉, 비공식집단은 구성원간에 업무에 관한 지식이나 경험을 서로 나누어 갖고, 또 상호간의 밀접한 협조를 가능하게 함으로써 공식조직이 요구하는 능률적인 업무수행을 촉진시킨다. 그리고 비공식집단은 조직 내의 의사소통의 통로적 역할을 하여 조직이 갖는 계층제의 경직성을 완화하는 데도 기여한다.

셋째, 조직구성원들의 사기와 생산력을 높여 준다. 비공식집단이 활성화 되어 있는 조직일수록 구성원은 조직에 대한 귀속감과 자기 집무에 대한 만족감을 느껴 사기가 앙양되고 업무에 대한 의욕이 강해져 생산성이 높아질 수 있다.

넷째, 조직의 실상을 파악하는데 도움이 된다. 조직의 관리자는 비공식집단을 통하여 조직구성원들의 업무태도와 조직 내의 권력 관계, 갈등 상황, 영향력 행사관계 등 조직의 생리현상을 파악할 수가 있다.

다섯째, 사회화의 역할을 한다. 조직의 구성원들은 비공식집단을 통하여 자기의 정체가 무엇인가를 다른 사람을 통하여 깨닫고 또 영향을 받는 등 자아정체감의 확립과 인격완성에 기여할 수 있다.

비공식집단은 순기능만을 갖는 것이 아니라 다음과 같은 역기능도 가진다. 첫째, 비공식 집단은 파벌 집단을 조성함으로써 조직의 분열을 조장할 수 있다. 만일 조직 내의 집단들이 각자 세력을 형성할 경우 조직 구성원들 간에 분열과 갈등 · 대립을 조장시킬 우려가 있다. 즉, 비공식집단의 구성원들은 대체로 자기가 소속한 집단에 대해서는 충성심이 강하게 작용하지만 다른 집단에 대해서는 배타적이기 때문에 조직 내에서 분파작용을 일으킬 수 있다는 것이다.

둘째, 공식조직의 목표에 대항하는 경우도 있다. 비공식집단이 조직목표에 불만이 있을 때 자기나름대로의 목표를 세워 공식조직의 목표에 도전하거나 대항하여 조직을 저해할 수도 있다.

셋째, 사익 추구의 도구로 이용될 수 있다. 비공식집단은 조직 내의 어떤 구성원이 비공식집단의 세력을 배경으로 하거나 정실적인 접촉을 통하여 개인적 이익을 도모하는데 이용될 가능성이 있다.

넷째, 비공식집단은 근거 없는 헛소문이나 거짓 정보를 만들어 유포시키는 역기능을 할 수도 있다. 즉, 비공식집단의 구성원들 간에는 의사소통이 원활하므로 책임 없는 말을 함부로 할 수 있어 사실이 왜곡된 유언비어를 퍼뜨릴 가능성이 큰 것이다.

이렇게 비공식집단은 공식조직을 보완하는 순기능과 조직을 저해하는 역기능을 함께 가진다. 그러나 이러한 역기능 때문에 자연발생적인 비공식 집단을 인위적으로 제거한다는 것은 거의 불가능하다. 그렇다고 그 영향력을 과소평가하여 방관할 수도 없는 일이므로 그 존재를 일단 인정하고 비공식집단이 공식조직에 가능한 한 유익하게 작용하도록 방법을 모색하여야 할 것이다.

또한 조직은 영리성을 기준으로 영리조직과 비영리조직으로 구분할 수 있다. 영리조직은 기업과 같이 이윤을 목적으로 하는 조직이며, 비영리조직은 정부조직을 비롯하여 공익을 추구하는 병원, 대학, 시민단체, 종교단체 등이 해당한다.

[그림] 조직의 구분

조직의 체제는 조직목표, 조직구조, 조직문화, 규칙 및 규정으로 이루어진다. 조직의 목표는 조직이 달성하려는 장래의 상태로 조직이 존재하는 정당성과 합법성을 제공한다. 조직목표에는 전체 조직의 성과, 자원, 시장, 인력개발, 혁신과 변화, 생산성에 대한 목표가 포함된다.

조직구조는 조직 내의 부문 사이에 형성된 관계로 조직목표를 달성하기 위한 조직구성원들의 상호작용을 보여준다. 조직구조는 의사결정권의 집중정도, 명령계통, 최고경영자의 통제, 규칙과 규제의 정도에 따라 달라지며 구성원들의 업무나 권한이 분명하게 정의된 기계적 조직과 의사결정권이 하부구성원들에게 많이 위임되고 업무가 고정적이지 않은 유기적 조직으로 구분될 수 있다. 직업인은 조직의 구조를 조직도로 쉽게 파악할 수 있다. 조직도는 조직 내적인 구조는 알아볼 수 없지만 구성원들의 임무, 수행하는 과업, 일하는 장소 등을 파악하는데 용이하다.

학습활동

다음 사례를 읽고, 조직생활에 있어 A직원과 B직원이 차이점은 무엇인가? 그리고 B직원이 높은 업무성과를 발휘하기 위해서는 조직은 어떤 역할을 해야 하는가?

> 10년차 직장인 A씨는 인사철이 있을 때 마다 기대와 실망을 반복하고 있다. 자신이 원하는 부서가 아닌 곳에서 근무하는데다, 해당 업무에 대한 흥미도 떨어져서 근무성과 역시 신통치 않아 번번히 승진에서 미끄러지고 있다.
>
> 직장인 B씨도 A씨처럼 원치 않는 부서에서 저성과자로 낙인찍혔던 인물. 하지만 B씨는 적극적인 커리어 관리로 원하는 부서로 이동 후 뛰어난 업무성과를 발휘하며 윗선으로부터 확실한 눈도장을 받는데 성공했다.
>
> B씨는 "원하는 목표를 이루기 위해 전략과 액션플랜을 수립하고, 체계적으로 실천했던 것이 성공의 비결"이라며 "자격증취득은 기본이고 관련 분야의 정보를 빠르게 취득해 적극적으로 어필한 결과, 원하는 부서로 옮겨 능력을 십분 발휘할 수 있었다"고 밝혔다.

hint B씨처럼 조직구성원의 역량 강화는 개인의 몫인가 아니면 조직 전체가 노력하고 도전해야하는 과제인가를 생각해보고 "학습조직"에 대해 살펴보자.

2. 학습조직

오늘날 조직의 경쟁력은 단지 상품의 질보다는 지식창출과 지식의 생산력에 좌우되는 만큼 지식인프라 구축이 기업성패의 관건이 되고 있다. 따라서 급변하는 경영환경 속에서 승자로 살아남기 위해서는 조직원이 학습할 수 있도록 기업이 모든 기회와 자원을 제공하고 학습 결과에 따라 지속적 변화를 이루어야 한다. 이렇게 학습조직은 조직을 바라보는 새로운 관점, 새로운 사고방식의 전환으로 조직 구성원이 스스로 새로운 지식의 창조·획득·공유 등의 활동을 통해 새로운 환경에 적응할 수 있도록 끊임없이 자기 변신을 할 수 있는 조직을 의미한다.

학습조직은 변화에 능한 조직구축의 필요성이 갈수록 커지고 있다는 데에서 출발한다. 1980년대 말 미국 MIT대학의 피터 센게(Peter Senge) 교수에 의해 처음으로 제시된 학습조직은 조직도 개인과 마찬가지로 지식과 정보에서 힘을 발휘한다고 전제한다. 센게 교수는 "배우는 능력의 부족은 어린이들에게는 불행한 일로 그치지만 조직에 있어서는 치명적인 것이다. 학습능력의 부족으로 인해 단지 몇몇 회사만이 인간수명의 반 정도까지 살아남을 뿐 대부분의 기업은 마흔이 되기도 전에 사라진다"고 하였다. 따라서, 학습조직은 일정한 시점에서 완료되는 것이 아니라 조직 구성원들간에 끊임없이 학습을 통해 지속적으로 변화해 가는 것을 추구한다. 센게 교수는 학습하는 기업들에게 필요한 다섯 가지 활동을 다음과 같이 정리하였다(퍼더 센게, 2014).

- **종업원이 높은 자기효능감을 가질 수 있도록 격려하라.** 조직의 효율성을 향상시키는 방법을 연구하기 위해, 종업원들은 가장 먼저 자신의 능력에 자신감을 가질 필요가 있다.
- **업무를 제대로 이해하기 위해 총체적인 계획을 개발하라.** 종업원들이 비용을 줄이거나 소득을 증가시키기 위한 방법을 습득하려면 본인의 업무에 대한 평가가 가능해야 하고, 본인의 업무가 다른 사람의 일과 조직 전체에 미치는 영향에 대해서도 파악할 수 있어야 한다.

- **팀 단위 학습을 장려하라.** 함께 고민하게 되면 더욱 쉽게 창의적인 아이디어가 떠오르게 된다. 팀 구성원들끼리 새로운 방식을 찾을 수 있을 것이다. 예를 들어 대화와 격려를 통해 소극적인 구성원의 자기효능감을 높여줄 수 있다.
- **비전을 공유하라.** 공동 목표에 대한 종업원들의 지침이 필요하다. 가령 점점 더 많은 기업들이 비용은 절감하면서 효율성을 높이는 방법을 찾고자 한다. 오늘날 글로벌 시장에서 경쟁우위를 갖추기 위해서는 가장 필요한 것이 창의성이라고 해도 과언이 아니다.
- **상호작용하는 시스템을 구축하라.** 조직은 대인관계를 기본으로 다른 모든 부분에 영향을 미친다. 조직 구성원들은 이 점을 감안하여 개인의 가치관과 행동, 팀의 행동이 조직 다른 부분에 어떤 영향을 줄 것인지를 고려해야 한다.

3. 직무동기

동기는 일반적으로 조직구성원의 행동을 유발하고 목표 달성을 위한 가제를 제공하며 그것을 위해 구성원의 활동과 노력을 통합하는 요인으로 알려져 있다. 다시 말해 조직구성원의 행동을 유발하고 방향을 주며 통합시키는 내적 요인 또는 구체적인 목표 달성을 위해 계획적으로 방향을 제시해 주는 활동이다(Hoy & Miskel, 2013).

작업동기는 동기부여라는 용어로 흔히 사용되고 있는데, 조직에서 구성원의 행동방향, 노력수준, 역경 속에서도 지속적으로 노력하게 만드는 원동력을 말한다. 업무를 성공적으로 수행하기 위해서는 구성원들이 어떻게 행동해야 할까? 조직구성원 자신이 선택한 행동을 수행하기 위해서 얼마나 노력해야 하는가? 어려운 문제에 직면하는 경우, 조직구성원이 선택한 행동을 성공적으로 마무리하기 위해 얼마나 지속적으로 노력할 것인가? 라는 질문은 작업동기를 구성하는 핵심내용이라 할 수 있다.

동기부여는 조직구성원이 어떠한 업무를 선택할지, 그리고 그것을 얼마나 열심히 수행할지를 결정하는 중요한 요인으로 조직의 성과에 영향을 미칠 수 있다. 동기부여에 대한 많은 논의중 하나는 내재적 동기와 외재적 동기의 원천을 구분하는 것이다. 특히, 학습동기를 다룰 때 주로 활용하는 개념으로 내재적 동기는 '~하는 것 자체를 목적으로 하는 동기' 로서 행동이나 사고 원인을 내부에서 찾고 도전적으로 목표를 추구하며, 행동의 지속력과 결과의 만족감을 높이도록 성취동기, 호기심, 즐거움, 보람, 긍정적 자아 개념 등에 초점을 둔다. 반면에 외재적 동기는 '~하는 것이 최종 목적의 수단으로 사용되는 동기'로서 행동이나 사고 원인을 외부로 돌리게 하는 것으로 성과급, 인센티브, 승진, 상벌, 경쟁과 협동 등에 초점을 둔다(Hoy & Miskel, 2013; Owens & Valesky, 2011).

동기 유발의 대표적 이론인 Maslow의 욕구위계이론, Herzberg의 동기·위생이론, McGroegor의 X·Y이론에 대해 간략하게 살펴보면 다음과 같다.

가. Maslow의 욕구위계이론

Maslow는 생리적 욕구, 안전의 욕구, 사회적 욕구, 존경의 욕구, 자아실현의 욕구 등 5단계 욕구위계설을 주장했다가 인지적 욕구, 심미적 욕구, 초월적 욕구 등을 추가로 제시하였다(McLeod, 2007). Maslow 이론의 핵심은 이러한 욕구위계이론이 개인이나 사회적으로 보편성을 지니는 것으로 보고 있으며, 인간의 욕구 단계에서 하위 수준의 욕구가 만족이 되어야만 다음 단계의 욕구들을 추구한다는 것이다. 그리고 각 계층의 욕구는 독립적인 것이 아니며 하위 단계로부터 점차 중복되면서 상위 단계로 나아간다는 것이다. Maslow가 제시한 여덟 가지 욕구위계는 다음과 같다.

① **생리적 욕구(Biological and physiological needds)** : 욕구 단계상 출발점이며 인간의 생명 유지를 위한 기본적 욕구로서 신체적·물질적 욕망(의식주, 성 등)과 관련된다.

② **안전의 욕구(Safety needs)** : 정신적·육체적 안정을 얻고 싶어 하는 욕구이다. 조직 구성원이 직장의 안정성과 작업 환경의 안전 등을 추구하는 것과 밀접히 관련되며 근무 환경, 보수, 수당, 휴가, 복지 후생 등이 해당된다.

③ **소속 및 사랑 욕구**(Belongingness and love needs) : 동료 집단에 소속되고, 인간관계를 형성하여 상호작용하고자 하는 욕구이다. 조직 구성원은 공식 혹은 비공식 집단에 소속되어 동료들과 어울려 우정을 나누며 교제한다.

④ **존경의 욕구**(Esteem needs) : 타인으로부터 높은 평가와 존경을 받고 싶어 하는 욕구로서 조직에서 승진과 인정을 받으려고 한다.

⑤ **인지적 욕구**(Cognitive needs) : 문화나 교육을 통한 지적 욕구이다. 어떤 특정한 대상이나 경험에 대한 재음미와 발견을 통해 이해와 배움을 추구하려고 한다.

⑥ **심미적 욕구**(Aesthetic needs) : 문화・예술 추구, 자연환경을 통한 아름다움을 추구하려는 욕구이다. 외적인 아름다움보다는 오히려 정서적이고 감상적이며 감성적인 내적 미를 추구하려고 한다.

⑦ **자아실현의 욕구**(Self-actualization needs) : 자신의 잠재력을 인식하고 자아 충족적이며 계속적인 자아 발전 및 창조적이 되고자 하는 욕구이다.

⑧ **초월적 욕구**(Transcendence needs) : 타인의 자아실현을 코칭하고 돕는 욕구이다.

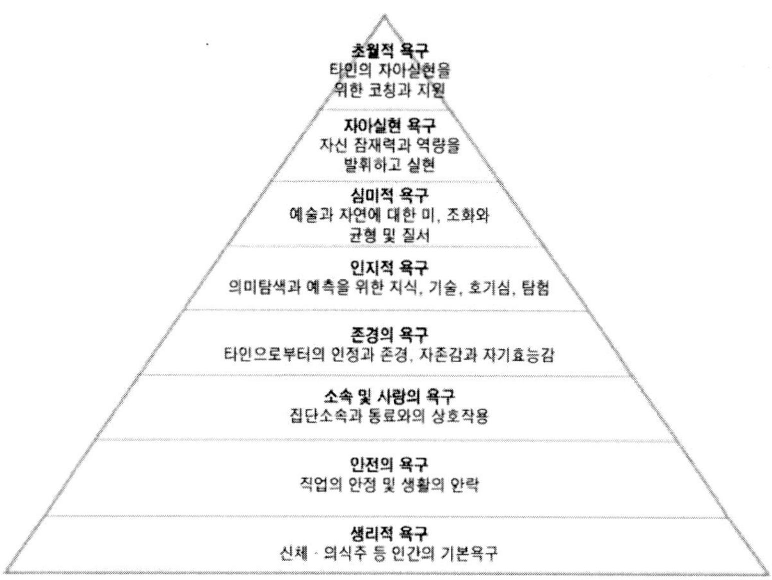

[그림] Maslow의 욕구위계이론

참 고

자아실현을 하는 사람과 자아실현을 이끄는 사람의 특징을 살펴보면 다음과 같다(Maslow, 1968).

- **자아실현을 하는 사람의 특징**
  - 현실을 효과적으로 인식하고 불확실성을 용인한다.
  - 자신과 다른 사람들을 포용한다.
  - 말과 행동이 자연스럽다.
  - 자기중심적이지 않고 문제 중심의 사고를 한다.
  - 특유의 유머 감각이 있다.
  - 인생을 객관적인 시각으로 바라볼 수 있다.
  - 창의적인 사고를 한다.
  - 문화에 동조하지 않으면서도 그렇다고 일부러 색다름을 추구하지도 않는다.
  - 인류의 행복에 관심을 갖는다.
  - 일상생활에서 감사하며 산다.
  - 타인과 깊이 있는 대인 관계를 맺는다.

- **타인의 자아실현을 이끄는 사람의 특징**
  - 어린아이처럼 풍부한 흡수력과 집중력을 발휘한다.
  - 안락한 길과 방법을 고수하기보다는 새롭고 도전적인 일을 추구한다.
  - 일상생활의 경험을 평가함에 있어서 전통, 권위, 타인의 의식보다는 자신의 감정에 귀 기울인다.
  - 자신의 생각이 다수의 생각과 일치하지 않을 때 남다르게 행할 준비가 되어 있다.
  - 책임감을 가지고 열정적으로 일에 몰입할 수 있다.

나. Herzberg의 동기·위생이론

Herzberg(1968)는 조직 구성원들의 직무 수행 시 만족과 불만족을 발생시키는 요인을 분석하기 위해 피츠버그 지역의 11개 기업체로부터 약 200여 명의 기술자와 회계자를 대상으로 면접을 통하여 조사하였다. 이 조사 결과 조직 구성원의 불만을 발생시키는 요인은 대체로 일하는 환경과 관련되고, 만족을 발생시키는 요인은 작업 자체와 관련된다는 사실을 밝혔다.

Herzberg는 직무 불만족을 발생시키는 요인을 위생 요인(hygiene factor) 이라고 하였다. 이것은 업무가 수행되고 있는 작업 환경 및 작업 조건, 직무 불만족을 예방하는 기능을 하며 조직의 정책과 관리, 감독, 작업 조건, 대인 관계, 금전, 지위, 신분, 안정 등을 포함한다. 반면에 만족을 주는 요인을 동기 요인(motivator) 이라고 하였다. 이것은 조직 구성원이 더욱 우수한 업무 수행을 위해 동기 부여하는 데 적합한 요인으로, 직무 그 자체와 관련되며 자기성취, 성취에 대한 인정, 도전적이고 보람 있는 과업 수행, 책임의 증대, 승진 등이 해당된다(Hoy & Miskel, 2013).

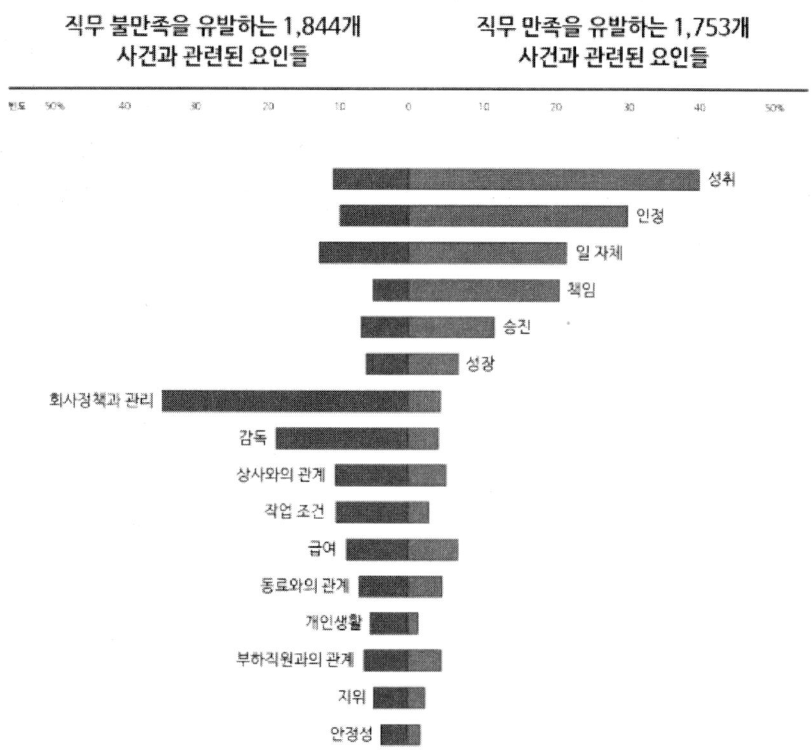

[그림] 직무 태도에 영향을 주는 요인들(Herzberg, 1968)

다. McGroegor의 X · Y이론

McGroegor(1960)는 인간 본성에 대한 가정을 근거로 인간의 동기를 X이론과 Y이론으로 구분하였다. X이론은 Maslow의 생리적 · 안전 욕구, Herzberg의 위생요인과 관련이 있다. 한편 Y이론은 Maslow의 사회적 욕구, 존경의 욕구, 자기실현의 욕구, Herzberg의 동기 요인과 관련이 있다. 즉, X이론은 외재적 동기에, Y이론은 내재적 동기에 가깝다.

X이론 지향 인간은 일하기를 싫어하며 야망이 없고 책임지기를 싫어하고 통제에 순응하면서 조직 문제에 있어 창의력을 발휘하지 못하며, 생리적 욕구나 안전 욕구 단계의 동기를 부여해야 한다고 보았다. X이론에 따른 효과적인 관리는 경제적 보상과 통제를 적절하게 사용하는 것이다. 경제적 보상을 하고 권위주의적 리더십으로 상부책임제도를 강화하며, 조직 구조의 위계화와 공식화, 직권제와 참여 제한 등을 활용한다.

반면에 Y이론 지향 인간은 작업 환경을 적절히 제공하면 직무를 자발적이고 창의적으로 수행하며, 사회적 존경, 자아실현 단계의 욕구를 선호한다고 보았다. Y이론에 따른 관리 전략은 사회적 · 인간적 보상을 강조하고, 민주적 리더십으로 분권화와 권한 위임을 하며, 수평적 조직, 비공식 구조 활용, 참여와 신뢰 및 존경, MBO, 셀프리더십, 자기평가 등을 강조한다(Owens & Valesky, 2011).

〈표〉 X이론과 Y이론 비교

X이론	Y이론
① 일이란 원래 대부분의 사람이 하기 싫은 것이다.	① 일이란 작업 조건만 잘 정비되면 놀이나 휴식과 같이 극히 자연스러운 것이다.
② 대부분의 사람은 야망이 없고 책임지기를 싫어하고 지휘받기를 좋아한다.	② 조직 목표를 해결하는 데는 자기통제가 불가결하다.
③ 대다수의 사람은 조직 문제를 해결하는 데 창의력을 발휘하지 못한다.	③ 조직 문제를 해결하기 위한 창의력은 누구나 가지고 있다.
④ 동기 부여는 생리적 욕구나 안전 욕구의 단계에서만 가능하다.	④ 동기 부여는 생리적/안전 욕구의 계층에서는 물론, 사회적/자존/자기실현의 욕구 계층에서도 가능하다.
⑤ 대다수의 사람은 엄격히 통제되어야 하고 조직 목표를 달성하기 위해서는 강제되어야 한다.	⑤ 사람은 적절하게 동기가 부여되면 일에 자율적이고 창의적이다.

학습활동

다음 사례처럼 수동적인 학습태도를 보이는 학생 또는 조직구성원이 있다. 그에게 학습은 어떤 의미와 가치가 있는지 본인과 비교하여 설명해보자. 그리고 적극적인 학습태도를 가지기 위해서는 어떠한 노력이 필요한지 동기이론 관점에서 구체적인 방안을 제시해보자.

> 학습에 수동적인 학생이 있다. 자기주도적으로 학습하는 것이 아니라 노예처럼 억지로 마지못해 누가 시켜서 질질 끌려가듯이 학습하는 것이다. 이는 사회생활에서도 마찬가지일 수 있다. 이들은 교수자, 부모님, 동료, 직장상사가 제시한 길을 무작정 걸어가거나 그들의 요구를 별 생각없이 따르는게 익숙해져 있다. 이러한 소극적인 태도는 학습 성취도, 지속가능한 동기유발, 그리고 효율적인 학습과 업무능력에 반드시 필요한 집중력에 부정적인 영향을 미칠 수 밖에 없다.

제6장

대인관계와 문제해결

1. 조직과 개인의 관계

직업인들은 직장이라는 조직에서 하루 중 대부분의 시간을 생활하며, 조직에서 부여한 일을 하고 그에 따라 월급을 받는다. 조직과 내가 주고받는 것은 무엇일까?

조직은 사람들로 이루어진 집합체며, 개인은 조직을 구성하는 가장 기본 단위이다. 개인은 이미 존재하는 조직에 가입하거나 여러 명에서 공동의 목적으로 가지고 조직을 만듦으로써 조직생활을 시작한다. 직업인의 직장에서의 조직생활은 일을 하는 것이다. 직업인은 일이라는 수단을 통해 조직의 목표를 달성하게 되며, 이 일은 개인에게는 직업이 된다.

개인과 조직은 유기적인 관계를 맺고 있기 때문에 하나가 잘못되면 다른 하나는 영향을 받게 된다. 개인은 조직에 필요한 지식, 기술, 경험 등 개인이 갖고 있는 여러 가지 자원을 제공한다. 조직은 구성원들이 해야 할 일을 정해 주고, 개인은 조직이 정해준 범위 내에서 업무를 수행한다. 조직의 목표에 어긋나거나 정해준 범위 외의 업무를 성취하게 되면, 오히려 조직에 불이익을 미치게 된다. 이처럼 조직의 목표달성에 필요한 업무를 성취할 수 있는 개인의 역량(competency)이 중요하며, 이러한 개인별 역량의 결과가 조직의 성과로 이어진다.

개인이 자신의 역량을 활용하여 조직에 여러 가지 공헌을 하게 되면, 조직은 개인에게 보상을 제공한다. 이는 연봉, 성과급과 같은 물질적 보상과 인정, 칭찬 등과 같은 비물질적 보상이 있다. 또한, 조직이 직접적으로 제공하는 보상은 아니지만 개인은 성공적으로 업무를 수행했을 때에 만족감을 느끼고 조직에 더욱 몰입하게 된다. 최근에는 많은 조직에서 구성원들의 참여를 통해 조직의 목표를 자신의 목표로 내면화하도록 하여, 목표달성에 대한 의지를 높이고 있다.

최근 조직의 관심은 개인과 직무 간의 조화뿐만 아니라 개인과 조직 간의 조화까지 확장하고 있다. 왜냐하면 조직이 직면하는 환경 변화와 직무 전환이 가능한 개인을 요구하는 정도에 따라 직무의 특성보다 조직의 문화와 종업원의 성격 간 적합성 여부가 더 중요할 수도 있기 때문이다. 먼저, 개인간 직무의 적합성의 예를 살펴보면, 존 홀랜드(John Holland)가 직무의 요구와 성격의 특성을 조화시키려는 작업에서 분명히 나타난다. 홀랜드는 160개의 직업에 대한 선호도 목록을 마련하기 위해 설문지를 개발하였고 이를 통해 여섯 가지 유형의 성격을 제시하였으며 개인이 직무를 떠나려는 경향과 직무에 대한 만족도는 개인의 성격이 직무환경에 어느 정도로 조화되는가에 따라 결정된다고 설명하였다.

다음 〈표〉는 여섯 가지 성격 유형별 특성 및 각 성격 유형에 적합한 직업 등을 나타낸다. 홀랜드는 성격과 직무가 조화를 이룰 때 만족감이 가장 높으며 이직률은 가장 낮다고 주장하였다. 즉, 사회적이 높은 사람은 사회성이 많이 요구되는 직업을 가져야 하고 관습적이고 전통적인 사람은 그것과 관련된 직업을 가져야 한다는 것이다.

〈표〉 홀랜드의 성격-직무 적합성에 대한 유형 구분

유형	성격 특성	적합한 직업
현실형: 기술, 체력, 조정을 바탕으로 한 육체적 활동 선호	소심, 성실, 고집, 안정, 순응, 실용적	정비공, 선반공, 조립공, 농부
탐구형: 사고력, 조직력 및 이해력이 요구되는 활동을 선호	분석, 호기심, 독립, 독창적	생물학자, 경제학자, 수학자, 보도 기자
친화형: 다른 사람을 도와주고 육성시키는 활동에 주력	사교, 친절, 이해, 협력적	사회봉사, 교사, 상담역, 임상심리학자
보수형: 제도적 규제와 질서 및 명명백백한 활동을 선호	자신감, 야망, 오만, 정력적	회계사, 기업 관리자, 은행 출납원, 사무 서기
사업형: 상대방에 대한 영향이나 권력 지향적 언변 활동을 선호	자신감, 야망, 오만, 정력적	변호사, 부동산중개업자, 대외홍보전문가, 중소기업 관리자
예술형: 창조적이고 비체계적인 모호한 활동을 선호	상상력, 무질서, 실용, 이상, 감성적	화가, 음악가, 작가, 실내 장식가

다음으로 개인과 조직 간의 적합이론에서는 사람들이 자신의 가치와 어울리는 조직에 이끌리고 선발되는데 비해 자신의 성격과 맞지 않은 조직은 떠나 버린다고 주장하고 있다. 특히, 빅 파이브 특성은 직무와 관련된 태도와 행동을 이해하는데 중요하며 조직행동을 이해하는데도 도움이 된다고 한다. 예를 들어, 신경증 성향 또는 부정적 정서는 작업현장에서 발생하는 스트레스를 이해하는데 유용할 수 있다. 부정적 정서가 높은 사람들은 작업장에서 더 많은 스트레스 요인을 찾아내며 직장에서 강한 심리적 신체적 긴장상태를 경험하게 된다. 또한 외향성 또는 긍정적 정서가 높은 사람들은 직장에서 좋은 기분을 느끼며 그들의 직무에 더 많이 만족한다. 이런 사람들은 사회적 상호작용을 요구하는 영업이나 관리 같은 직무를 더욱 성공적으로 수행할 수 있을 것이다.

빅 파이브 특성 중 첫 번째는 외향성이다. 외향성은 사교성과 친화력이 뛰어나며 자신의 주장을 분명하게 밝히는 성향으로 내성적인 사람들보다 동료들과의 상호작용을 즐거워한다. 외향적인 사람들은 내성적인 사람들보다 동료들과의 상호작용을 즐거워한다. 이런 사람들은 영업이나 고객상담과 같은 사회적 상호작용을 필요로 하는 직무를 수행할 경우 성공할 가능성이 크다.

신경증 성향은 사람들이 부정적 감정상태를 경험하고 스트레스를 느끼며 일반적으로 자기 자신과 주변 환경을 부정적으로 보는 경향을 반영하고 있다. 신경증 성향이 높은 개인들은 직장에서 부정적인 기분을 많이 경험하고 스트레스를 많이 받으며 일반적으로 업무적 상황을 부정적으로 보는 경향이 있다. 신경증 성향이 높은 사람들은 낮은 사람들보다 자기 자신과 자신의 성과에 대해 비판적이다. 하지만 이런 성향은 사람들이 성과를 더 향상시키도록 할 수도 있다. 결과적으로 높은 수준의 품질관리, 비판적사고, 평가를 요구하는 상황에서 신경증 성향이 높은 사람들은 더 꼼꼼하고 능숙할 수 있다.

친화성은 다른 사람들과 잘 지내는 사람들과 그렇지 않은 사람들의 차이를 보여준다. 이들은 일반적으로 주변 사람들을 잘 챙기고 다정하다는 특징이 있다. 친화적인 사람은 다른 사람과 함께 어울리기 쉽고 협동 작업을 잘한다. 다른 사람들과 상호작용하는 작업이 많은 경우 친화성은 중요한 무기가 될 수 있다. 친화성이 낮은 사람은 다소 적대적이고 의심이 많으며 비협조적이거나 무례한 경향을 보인다. 그들의 성격은 돈을 관리하거나 교육훈련을 담당하는 등 비판적이고 치밀함을 요구하는 직무에서 능력을 발휘할 수 있다.

성실성은 조심스럽고 꼼꼼하며 인내심이 강한 정도를 나타낸다. 성실성이 높은 사람은 체계적이며 자기관리가 철저하다. 성실성은 조직에서 필수적인 성격적 특성으로, 다양한 조직에서 업무의 성과를 가늠하는데 필요한 좋은 예측변수이다. 물론, 성실성이 높은 성격이 성과로 이어지기 위해서는 당사자가 뛰어난 역량과 기술을 가지고 있어야 한다. 예를 들면, 최근 한 연구에서는 성실하고 사회적 기술이 뛰어난 구성원들이 성과에 긍정적인 영향을 미친다는 것을 밝혀냈다.

경험에 대한 개방성은 한 개인이 독창적이고 다양한 관심사를 가지고 자극에 개발되어 있으며 위험을 감수하고자 하는 정도를 나타낸다. 이러한 특성이 조직 내에서 창의적이고 혁신적인 행동으로 이어지기 위해서는 조직이 반드시 혁신에 방해되는 요소를 제거해주어야 한다. 그리고 직무수행자들이 개방성을 통해 새로운 아이디어를 활용할 수 있도록 직무와 과업들이 과두하게 구체적으로 정의되어서는 안된다.

다음 〈표〉는 빅파이브 성격요인에 대한 특성을 나타낸 것이다.

〈표〉 빅파이브 성격요인과 특성

← 낮은 점수 (특성)	요 인	높은 점수 (특성) →
보수적 성향, 관습 중시, 현실적, 제한된 흥미 영역, 예술에 적은 관심, 고민 없는 삶을 낮게 평가 등	O **개방성(Openness)** 지적 자극이나 변화, 다양성을 좋아하는 정도	지적 호기심 많음, 광범위한 흥미영역, 독창적, 창의적, 자유롭고 풍부한 상상력, 예술적 표현 선호 등
목적이 없음, 믿을 수 없음, 게으름, 부주의함, 약한 의지 등	C **성실성(Conscientiousness)** 사회적 규칙, 규범, 원칙 등을 기꺼이 지키려는 정도	믿음직함, 근면, 정리정돈, 철저함, 세심함, 책임감, 계획적, 체계적, 신중, 열심히 일함 등
적은 말수, 냉정함, 과업중심적, 조용함, 활기 없음, 좁은 인간관계 등	E **외향성(Extraversion)** 타인과의 교제나 상호작용, 또는 관심을 끌고자 하거나 타인을 주도하려는 정도	사교적, 적극적, 말하기 좋아함, 사람중심, 낙관적, 즐거움 추구, 상냥함 등
냉소적, 무례, 의심 많음, 비협조적인, 무관심, 자기중심적, 많은 질투, 적대적 등	A **친화성(Agreeableness)** 타인과 편안하고 조화로운 관계를 유지하는 정도	이타심, 애정, 도덕성, 배려, 겸손, 수용성, 휴머니즘, 부드러운 마음 등
침착한, 안정적인, 강건한, 자기충족적인 등	N **정서불안정성(Neuroticism)** 자신이 얼마나 정서적으로 안정되었고, 세상을 뜻대로 통제할 수 있으며, 또한 세상을 위협적으로 느끼지 않은가에 대한 생각의 정도	걱정된, 초조한, 감정의 변덕, 불안정한, 부적절한 감정 등

주: 5가지 성격 특성(Big Five personality traits)요인의 각 첫 스펠링을 따서 OCEAN 이라고도 부름.

학습활동

아래에서 소개하는 빅파이브 성격 온라인 설문을 통해 자신의 성격특성 결과를 그래프로 나타내보고, 주요 특징들을 정리해본다. 그리고 자신의 성격 특성에 따라 어떠한 직업, 직무상황이 본인에게 적절한지 판단해보자.

온라인 검사 URL주소: http://rosinality.ncity.net/survey	검사 결과 그래프 작성 예:

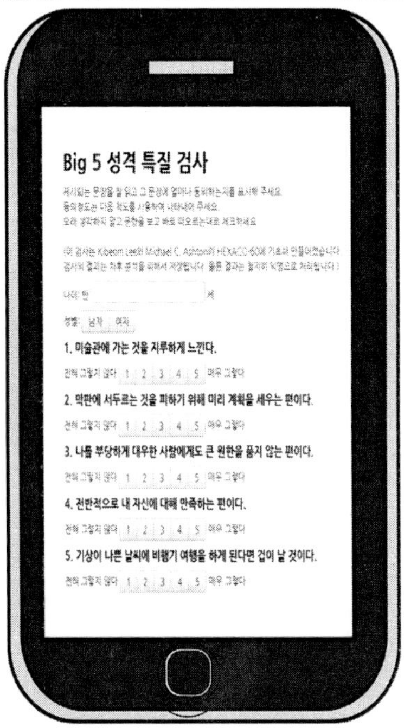

검사 결과

정서성(Emotionality): 3/5

외향성(eXtraversion): 2.6/5

친화성(Agreeableness): 2.3/5

성실성(Conscientiousness): 3.6/5

경험에 대한 개방성(Openness to Experience): 3.2/5

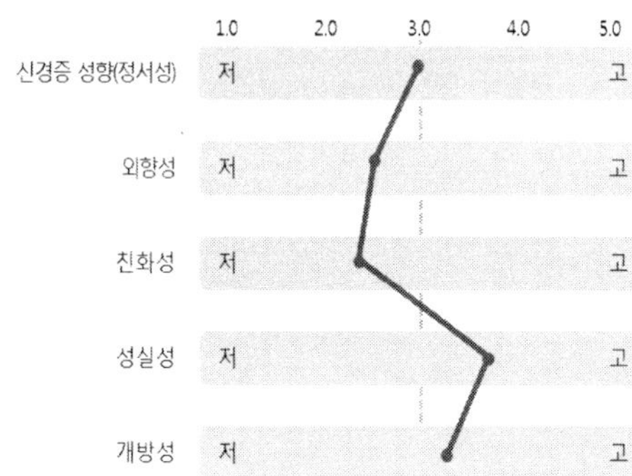

① 빅파이브 성격 검사결과 수치를 보고 그래프로 표현해보시오.

② 자신의 성격특성 결과에 따른 주요 특징 및 직업과 연관지어 정리해보시오.

〈검사결과 해석과 직업 또는 직무상황과 연관짓기 예시안〉

성격요인에 대한 특성이 전체적으로 높게 나왔지만 수치로 가장 높은 요인을 꼽으라면 신경증 성향이 3.8로 가장 높게 측정되었다. 감정의 기복이 심하고 불안정하고 초조함을 자주 느끼는 특성을 나타낸다. 주로 일이 잘 풀리지 않고 내가 계획한 방향으로 흘러가지 못할 때 느끼는 경우가 많다. 간호사의 경우 환자의 감정을 공감하고 배려하는 마음을 가져야 하지만 그 감정에 같이 휩싸이게 되면 환자를 객관적으로 관찰하기 힘들다고 생각한다. 그래서 침착하고 정서적으로 안정된 성향을 가지기 위해 노력하여 신경증 성향을 낮추어야 할 필요성이 느껴진다.
간호사는 매일을 같은 또는 다른 사람들과 대면하며 환자를 치료해 주는 직업이다. 직업의 특성상 사람들과 말하기를 꺼려하고 사교적이지 않다면 간호사의 업무를 수행하는데 어려움이 느껴질 것 같다. 평소에 타인과의 교제를 좋아하고 사람중심적인 가치관을 가지고 있기 때문에 간호사에게 필요한 외향적인 특성을 가지고 있다고 생각한다. 또 타인과 편안하고 조화로운 관계를 유지하는 정도인 친화성이 높아 이타심, 도덕성, 휴머니즘을 가지고 있어 환자들과 소통하는데 좋은 성격요인을 지녔다. 환자에 대한 책임감을 가지며 할 일을 미루지 않기 위해 계획적이고 체계적으로 행동하는 성실성을 가지고 있다. 지적 호기심이 높기 때문에 의료 지식에 대한 개방성을 가지고 환자를 잘 돌보는 능력 있는 간호사가 되기 위한 자질을 갖추었다고 생각한다.

2. 조직 내 갈등과 문제해결

갈등(conflict)의 어원은 라틴어의 configere, '함께'라는 의미의 con과 '충돌이나 다툼'을 의미하는 figere가 합쳐진 것으로 개인이나 집단 간에 서로 충돌한다는 의미를 지니고 있다. 그리고 갈등(葛藤)의 한자를 보면 칡(葛)과 등나무(藤)라는 뜻으로, 칡과 등나무가 얽히듯이 일이나 사정 등이 복잡하게 뒤얽혀 화합하지 못하는 모양을 이른다. 더 나아가 서로 상치되는 견해, 이해 따위의 차이로 인해 생기는 충돌, 또는 정신적인 세계 내부에서 각기 다른 방향을 지닌 힘들이 충돌하는 상태를 갈등으로 정의하고 있다.

일반적으로 갈등은 개인이나 집단 사이에서 목표나 이해관계가 서로 상충할 때 일어나는 주관적인 감정을 말한다. 개인 간, 조직 간, 그리고 조직 내에서 이해와 생각이 다르면 서로 충돌과 갈등이 발생하며 언제, 어디서나 갈등의 발생 가능성은 잠재되어 있다.

학습활동

타인과의 대립상황에서 당신이 다음 행동을 얼마나 자주 행하는지를 각 진술문에 대해 5점 척도에서 해당하는 숫자를 기입하시오. 당신이 그래야만 한다고 생각하는 답을 쓰는 것이 아니라 당신이 실제로 행동할 만한 답안을 고르시오.

타인과 대립할 때

1.전혀 그렇지 않다 2.별로 그렇지 않다 3.보통이다 4.대체로 그렇다 5.매우 그렇다

A 세트

1. 나 자신의 입장과 상대방의 입장 모두를 받아들이고 차이점을 알아본다. ( )
2. 공개적으로 이의를 제기하고, 차이점에 대해 더 많은 의견을 나눈다. ( )
3. 상호 만족스러운 결론을 내린다. ( )

4. 나의 의견을 접어두고 타인으로 하여금 의사결정하게 내버려두기보다는 나의 입장을 확실하게 피력하고 상대방의 의견도 귀 기울여 듣는다. (　)

A 세트의 점수를 구하기 위해 문제 1에서 4번까지의 점수를 모두 더하라.

B세트

5. 완벽하게 만족스러운 해결책을 찾기보다는 적절한 수준에 다다르면 동의할 수 있다. (　)
6. 차이점을 더 깊게 탐색하기보다는 내가 반쯤은 틀릴 수도 있다고 인정한다. (　)
7. 타협이 가능한 사람이라는 평판을 가지고 있다. (　)
8. 내가 실제로 말하고자 하는 것의 반 정도만 겉으로 드러낸다. (　)

B 세트의 점수를 구하기 위해 문제 5에서 8번까지의 점수를 모두 더하라.

C세트

9. 타인의 의견을 바꾸려 하기보다는 나의 입장을 포기한다. (　)
10. 논란의 소지가 있는 문제는 옆으로 밀어둔다. (　)
11. 문제점에 대해 논쟁을 벌이기보다는 먼저 동의하는 편이다. (　)
12. 상대편이 감정적으로 격해졌다고 생각하면 바로 나의 입장을 포기한다. (　)

C 세트의 점수를 구하기 위해 문제 9에서 12번까지의 점수를 모두 더하라.

D세트

13. 무조건 상대방을 이기려 하는 편이다. (　)
14. 어떤 일이 있더라도 이겨야만 한다. (　)
15. 논쟁거리가 있는 곳에서는 결코 물러서지 않는다. (　)
16. 타협보다는 승리하는 편이 더 좋다. (　)

D 세트의 점수를 구하기 위해 문제 13에서 16번까지의 점수를 모두 더하라.

E세트

17. 문제가 해결될 때까지 다른 사람을 피하려 하는 편이다. ( )
18. 감정적 문제가 직면하는 것보다는 양측 모두가 지는 것이 더 낫다. ( )
19. 대부분의 차이점들은 걱정할 만큼 심각한 것이 아니라고 생각한다. ( )
20. 내가 문제에 대해 완벽하게 생각해볼 수 있을 때까지 그것에 대해 토론하는 것을 미루는 편이다. ( )

E 세트의 점수를 구하기 위해 문제 17에서 20번까지의 점수를 모두 더하라.

채점 및 결과해석 각 상황(세트)별로 당신의 얻은 점수를 더하시오.

A 세트(협조, 양측 모두의 이익) [ ]

B 세트(타협, 양측 모두 절반의 이익, 절반의 손해) [ ]

C 세트(수용/양보, 나는 손해, 상대방은 이익) [ ]

D 세트(경쟁/강압, 나는 이익, 상대방은 손해) [ ]

E 세트(회피, 양측 모두가 손해) [ ]

* 어느 세트에서 17점 이상이면 당신은 타인과의 대립상황에서 그 세트에 속해있는 행동을 다른 사람보다 더 자주 행하는 편이며, 8점에서 16점이면 보통 사람과 비슷한 빈도로 그 세트에 속해 있는 행동을 하며, 7점 이하면 보통사람들보다 덜 행하는 편이다.

출처: Robbins & Hunsaker(2006), pp. 199-202.

학습활동

다음 사례에 등장하는 조직구성원들 간의 대화를 읽어보고 어떠한 갈등이 발생했는지와 그러한 갈등으로 인하여 조직의 성과에 어떠한 영향을 미치는지 토론해 보자.

> 자원부 남자 직원들은 신입직원 안영희에 커피 심부름을 시킨 후 안영이가 듣고 있다는 걸 뻔히 알면서도 임신한 여직원을 욕했다. "어쩌려고 애를 또 갖냐", "이기적이다. 첫째, 둘째 낳을 때도 우리가 그렇게 배려를 해줬는데", "이래서 여자들이 안 되는거다. 걸핏하면 임신에 남자에 그것도 안 되면 눈물바람까지"라는 남자 직원들의 조롱은 이제 막 사회에 첫 발을 내디딘 안영희를 위축시켰다.
> . 여기에 "여자들은 이래서 안 된다"는 시선은 선차장과 안영희에 비수처럼 박혔다. 이날 안영희는 자원부 한 상사로부터 미팅 메모를 잘 정리해두지 않았다는 일로 꾸중을 들었다. 이 때 이 상사는 안영희에게 "밤을 새서라도 했어야 할 것 아니냐. 이래서 여자들이랑 일하기 싫다. 희생정신도 없는데 뭘 기대하겠냐"며 성차별 발언을 했고 지금까지 늘 당당했던 안영희도 이 말 앞에서는 눈시울을 붉혔다.

목표를 달성하기 위해 노력하는 조직이라면 갈등은 항상 일어나게 마련이다. 그것은 의견차이가 생기기 때문이다. 조직성과에서 갈등의 효과는 상당한 주목을 받아왔다. 특히, 과거 연구자들은 조직성과를 낮춘다는 이유로 갈등을 부정적으로 보았다. 왜냐하면 갈등은 관리자가 사람이나 기능부서 혹은 사업부가 기업의 목표를 달성하기 위해 서로 협동하는 조직구조를 설계하지 못했기 때문에 발생한다고 보았기 때문이다. 그러나 갈등에 대한 최신의 관점은 갈등을 주의깊게 관리하고 서로 협상을 통하여 논의할 수 있다면 갈등은 조직성과를 더 높게 만들 수 있다는 것이다. 아래 [그림]에서처럼 조직성과에 대한 갈등의 효과를 살펴보면, 처음에 갈등은 조직성과를 증가시킬 수 있다. 그 이유는 갈등이 조직의 의사결정에서 약점을 노출시켜 조직이 변화를 추구하도록 만들기 때문이다. 관리자는 조직의 권력구조를 재편하고 조직의 필요에 가장 적합하도록 권력의 균형을 만들어 간다. 그러나 A점이 되는 어느 한 수준부터 갈등의 증가는 성과를 낮추게 만든다. 왜냐하면 관리자들 사이의 갈등은 통제의 범위를 벗어나고 이익 집단 간의 경쟁으로 조직을 분열시키기 때문이다. 따라서 갈등이 A점 이상으로 초과하는 것을 막고 조직성과에 기여하도록 갈등의 방향을 조정하는 것이 필요하다. 이렇게 갈등에 대한 순기능과 역기능을 정리하면 다음과 같다.

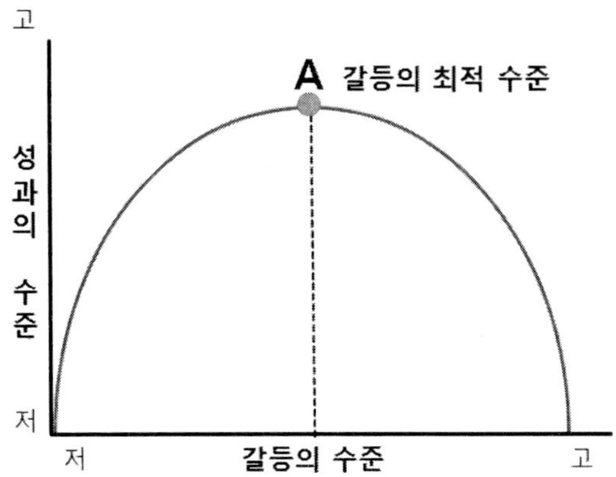

[그림] 조직성과에 대한 갈등의 효과

출처: 스티븐 로빈스 외(2013).

가. 갈등의 순기능

① **집단결속의 기능:** 다른 집단과 갈등관계에 놓여 있을 때 집단구성원들은 '우리'라는 의식을 갖고 자신의 집단을 지키려는 응집력이 강화된다.

② **집단구조의 결정:** 외부 집단에서 오는 갈등적인 압력은 그것에 대처할 수 있는 강도의 집단 규범과 구조 및 조직을 재정비하는 기회를 가지게 된다.

③ **집단보존의 기능:** 갈등을 통하여 적의와 분노를 발산하는 기회를 가짐으로써 조직구성원들의 긴장을 해소시켜 기존 체계의 유지에 도움을 준다.

④ **이데올로기의 창출:** 구성원들에게 갈등상황의 정당성을 믿게 하고 타 집단과의 투쟁의식을 고취시키기 위해서 새로운 이데올로기를 창출해 낸다.

⑤ **세력 균형의 창출:** 타 집단과의 객관적인 힘의 비교는 자기 집단 내의 새로운 세력 균형을 창출하는 계기를 마련해 준다.

⑥ **집단동맹의 확대:** 갈등과정에서 자기를 방어하고 타 집단을 약화시키기 위해서 제3자와 제휴 및 동맹관계를 맺는다.

나. 갈등의 역기능

① **커뮤니케이션 감소:** 집단 내(간)의 갈등은 집단 상호간의 커뮤니케이션을 감소시키고, 이는 구성원의 협력과 팀워크의 분열로 이어져 집단성과에 직접적인 영향을 미칠 수 있다. 또한 원활하지 못한 커뮤니케이션은 정보 은폐나 시간 낭비, 그리고 심리적인 불편함으로 업무 능률성을 떨어뜨리는 결과를 가져온다.

② **정보교류단절:** 조직 내에서 상사나 선배들의 암묵적 지식은 흔히 정보검색을 통해서 얻어지는 것이 아니다. 조직 속에서의 세대 간 갈등은 시간과 경륜 속에서 얻어진 지혜를 얻을 수 있는 기회를 단절시킬 수 있다.

③ **자원낭비:** 갈등은 조직의 잠재적 능력과 구성원들의 에너지를 업무를 수행하는데 투자되기 보다는 갈등을 해결하는데 낭비하는 경우가 발생하여 개인의 성장뿐만 아니라 집단 전체의 발전에도 부정적 영향을 미치게 된다.

④ **조직이탈:** 조직 내 갈등은 집단 상호 간의 차이를 조정하고, 갈등이 악화되는 경우, 중상모략, 나아가 폭력행위까지도 일어날 수 있다. 이러한 과격한 행동은 집단구성원의 불신으로 이어져 조직을 이탈하는 원인이 되기도 한다.

아무리 관리가 잘 되고 있는 조직이라 할지라도, 많은 사람들이 섞여있는 조직은 언제나 갈등이 일어날 소지를 가지고 있는 곳이다. 때로는 갈등을 얼마나 효과적으로 해결할 수 있는가에 따라 조직의 생산성과 비전이 결정될 수도 있다. 갈등을 효과적으로 해결하기 위해서는 각자의 입장을 탐색하고 의사소통 채널을 개방하며, 다른 사람들을 참여시키는 것이 중요하다.

사람들은 대부분 일상에서 벌어지는 갈등을 피하거나 타협으로 예방하려고 한다. 이러한 접근법은 상당히 효과적이다. 하지만 문제를 근본적으로 해결하는 것이 가장 좋다. 갈등과 관련된 모든 사람으로부터 의견을 받고자 노력한다면, 문제의 본질적인 해결책을 얻을 수 있다. 이를 '윈-윈(Win-Win) 관리법'이라고 한다. 서로가 원하는 바를 얻을 수 있기 때문이다. 이 방법은 성공적인 업무관계를 유지하는데 매우 효과적이다.

윈-윈 갈등관리법은 갈등과 관련된 모든 사람으로부터 의견을 받아서 문제의 본질적인 해결책을 얻고자 하는 방법으로 구체적인 내용은 다음과 같다.

1단계) 충실한 사전 준비

- 비판적인 패러다임 전환
- 자신의 위치와 관심사 확인
- 상대방의 입장과 드러내지 않은 관심사 연구

2단계) 긍정적인 접근 방식

- 상대방이 필요로 하는 것에 대해 생각해 보았다는 점을 인정
- 자신의 '윈-윈 의도' 명시
- 윈-윈 절차, 즉 협동적인 절차에 임할 자세가 되어 있는지 알아보기

3단계) 두 사람의 입장을 명확히 하기

- 동의하는 부분 인정하기
- 기본적으로 다른 부분 인정하기
- 자신이 이해한 바를 점검하기

4단계) 원원에 기초한 기준에 동의하기

- 상대방에게 중요한 기준을 명확히 하기
- 자신에게 어떠한 기준이 중요한지 말하기

5단계) 몇 가지 해결책을 생각해내기

6단계) 몇 가지 해결책 평가하기

7단계) 최종 해결책을 선택하고, 실행하는 것에 동의하기

학습활동

다음은 직장생활을 하는 워킹맘 사례이다. 윈-윈 갈등관리법을 적용하여 조직내 갈등문제를 해결해보자.

> 박차장은 H회사에 다니는 여사원들이 선망하는 롤모델이다. 결혼과 출산 이후에도 업무 능력을 인정받으며 동기보다 빨리 차장 자리에 오른 박차장은 워킹맘이 구현할 수 있는 최고의 이상형이다. 실제로 박차장은 뛰어난 능력을 가지고 있으며, 정확하고 빈틈없는 업무처리와 깔끔한 일마무리로 직장상사들은 물론 부하 직원들에게도 두터운 신망을 받고 있었다.
>
> 하지만 슈퍼우먼 박차장 또한 육아와 일을 병행하는 데 어려움을 겪고 있는 이 시대 워킹맘 중 하나일 뿐이었다. 맞벌이를 하고 있고 회사에서 남편과 똑같은 강도의 업무를 수행하고 있지만, 육아와 가사 대부분은 그녀의 몫이다. 출퇴근 시 아이를 유치원에 데려다 주고, 퇴근하면 집안일로 정신이 없었다. 그러나 남편은 육아와 집안일에는 무관심하고 모든 일을 박차장에게 미뤘다.

1단계(사례를 통해 확인할 수 있는 갈등상황을 찾아보시오)
• 직장 - 육아 때문에 회사일에 지장, 동료간의 업무 갈등, 직장내 워킹맘에 대한 지원 부족 • 가정 - (부부), (아이) 가족과 함께 하는 시간 부족, 가정내 서로에게 기대하는 역할에 대한 갈등
2단계(여러 갈등 중에 한 가지 갈등을 선택하고, 서로에게 필요한 것을 생각해보시오)
• 직장내 갈등 - 개인은 업무시간에 충실히 일하기, 직장내 어린이집 지원 등 복지 제도 확대 등 • 가족간 갈등 - 자녀 돌보기, 아이와 시간보내기, 부부 대화로 소통하기, 부부가 육아 및 가사일 함께 지원하기

3단계(두 사람의 입장을 명확히 적어보시오)
• 부모 - 직장과 가정에 모두 잘할 수 없는 여건, 자기개발과 성공을 꿈꾸는 아내에게 육아는 혼자하기 버거움. 남편은 아내가 직장보다 가정에 좀 더 신경써주기를 바람. • 아이 - 부모와 함께 하는 시간이 필요함. • 직장 - 구성원의 개인사정으로 인한 업무 손실 야기.
4단계(두 사람이 각각 중요한 기준이 무엇인지 적어보시오)
• 부모 - 직장에서의 성공과 자기개발, (남편)아내는 일보다 가정에 중심을 두길 바람 (아내)일과 육아를 병행함에 있어 남편의 지원을 필요로 함 • 아이 - 부모의 사랑과 애정, 관심 • 직장 - 업무 성과
5단계(해결책을 다양하게 적어보시오)
• 주말을 이용하여 가족끼리 함께 시간을 보낸다. • 아이에게 어린이집에 데려다주며 애정과 사랑은 표현한다. • 부부가 함께 육아와 가정에 일을 나누어 해결한다. • 직장내 육아관련 제도 확충(어린이집 위탁, 워킹맘에 대한 휴가, 탄력근무제 도입 등)
6단계(각각의 해결책에 대해 평가해보시오. SMART 법칙을 적용하여 평가)
• 부부는 한달에 1 - 2번 주말에 아이가 좋아하는 것(소풍, 동물원, 음식 만들기 등)을 하며 시간을 보낸다. • 워킹맘에 대한 휴가를 지원하거나 탄력근무제를 도입하여 주 40시간 내에 자유롭게 근무하도록 한다. • 스마트 재택근무제를 도입하여 한달에 1 - 2번은 재택근무를 통해 업무에 대한 효율성을 높인다.
7단계(해결책에 대한 평가 후 한 가지 해결책을 결정하고, 해결책을 사용할 경우 서로 간의 갈등상황은 어떻게 변화하게 될 것인지 상상해서 적어보시오)
• 주말을 이용하여 가족여행을 떠난다 ☞ 업무로 쌓인 스트레스 해소와 아이와 부모간의 긍정적 유대감을 형성할 수 있음 • 남편은 아내와 함께 아이의 등하교 지원 및 집안 청소, 음식 준비 등을 나누어 함으로써 부부간의 갈등을 해소할 수 있음 • 남편과 아내를 교대로 육아휴직을 신청하여 각자 직장과 가정에 집중할 수 있도록 계획하고 아이와 부모와의 관계에서도 애정과 관심으로 돌볼 수 있음

3. 효과적인 팀웍을 위한 리더십 개발

현대와 같이 경쟁이 치열한 환경에서 고성과 팀을 창조하고 지속시키는 일은 매우 중요하다. 실제로 조직이 생존에 급급해할지 또는 여유롭게 번영을 구가할 것인지 여부는 팀을 효과적으로 운영하는데 달려 있다. 이 때 모든 구성원이 조직의 리더로서 사고하고 결정을 내리는 것은 매우 중요한 요건이다. 팀원 각자는 자신을 유용한 자원이라고 인식하고 고품질 팀을 창조하기 위해 팀웍 능력의 향상은 필수적이라 할 수 있다.

학습활동

다음 사례를 읽고, '기러기의 비행'을 통해 팀웍이란 무엇인지 생각해보고, 팀웍 향상을 위한 리더의 역할은 무엇인지 토론해보자.

많은 조류들 가운데 기러기들의 비행은 지구상 큰 신비 중 하나이다. 평균 수천 킬로미터를 비행하는 기러기들은 비행시 V자 대형을 이룬다고 한다. V자 대형 중 가장 선두에서 비행하는 기러기는 힘이 세거나 신체 요건이 좋은 대장 기러기가 아니라 그날 컨디션이 가장 좋은 기러기라고 한다. 그리고 선두 기러기의 양 날개 끝에 또다른 기러기들이 차례로 따라붙어 V자 대형을 이루어 함께 비행을 한다. 이렇게 비행을 하면 혼자 날 때는 시속 110킬로미터를 뛰어 넘어 훨씬 빠른 170킬로미터로 날게 되어 약 71%나 더욱 멀리 날아갈 수 있다고 한다.

기러기들에게는 독특한 신호 방식이 있다. V자 대형으로 비행하면서 선두로부터 두 번째에서 여섯 번째에서 비행하고 있는 이른바 2군 무리에 속한 기러기들은 '꺼억'하는 소리를 내며 날아가고, 여섯 번째 이후에서 비행하고 있는 3군 무리에 속한 기러기들은 '꺼억 꺼억'소리를 내면서 날아간다고 한다. 2군 기러기들의 '꺼억'소리는 가장 선두에

> 서 비행하는 기러기에게 '우리가 잘 따라가고 있으니 걱정하지 말라. 더욱 힘차게 앞으로 전진하라.'고 신호를 보내는 것이라고 한다. 한편 3군 기러기들이 내는 '꺼억 꺼억' 소리는 1군과 2군 기러기들의 비행에 대하여 '잘한다. 힘내라!!'하는 응원과 격려의 소리라고 한다.
>
> 만약 V자 대형에서 낙오되는 기러기가 발생하는 경우 어떤 일이 벌어질까? 동료 기러기 한 마리가 대열에서 뒤처지는 순간 두 마리의 기러기가 재빨리 따라붙어 낙오된 기러기를 도와 대열에 다시 합류시킨다.

팀은 일반적으로 공동의 목표를 가지고 있으며, 조직성과에 대한 책임을 함께 공유하고 있고, 과제 수행을 하는 상호 의존적인 구성원들의 집합체로 정의할 수 있다. 여기서 팀웍이란 팀의 구성원이 공동의 목표를 달성하기 위하여 각 역할에 따라 책임을 다하고 협력적으로 행동하는 것이다. 이러한 팀에 대한 정의에 추가되는 또 다른 요인은 팀 정체성이다. 팀 정체성이란 팀원들이 공동의 목표와 가치를 가지고, 팀과 팀원들은 공동 운명체라는 인식을 함께 하며 팀에 동일시하는 집합체로 정의된다. 이렇게 조직에서 팀 구성, 팀의 개발과 훈련을 어떻게 하는 것이 효과적인지를 연구하는 이유는 다음과 같다.

- 개인보다 팀에 의해서 과제가 수행될 때 보다 과제의 완수 기간이 단축된다.
- 팀원들 간 아이디어의 교류로 조직 혁신과 창의성이 창출된다.
- 개인보다 팀에서 효과적으로 정보를 통합할 수 있다.
- 팀은 조직을 빠르게 그리고 효과적으로 개발하도록 촉진시켜 주며, 고품질의 제품과 서비스를 제공할 수 있다.
- 팀은 효과적인 학습 조직 체계를 구축하게 해준다.

팀은 이제 작업현장에서 일상적인 조직 단위이며, 이러한 팀에서 사용되었던 전통적 리더십 모델은 한명의 리더와 한명의 부하 사이의 관계성에 중점을 두어왔다.

현재까지도 관리자와 종업원 간의 개인적 상호작용이 일어나고 있지만 많은 경우 관리자와 팀 혹은 집단 사이의 상호작용도 일어나고 있다. 이제 리더가 집단 구성원들에게 개인적으로 영향을 미치는 것만으로는 충분하지 않으며 다양한 조직환경과 집단구성원들로부터 영향을 받으면서 조직의 목표를 달성하도록 구성원들의 능력을 끌어올리는 특성을 지녀야 한다. 따라서, 리더가 왜, 또 어떤 방식으로, 조직 구성원들을 이끌어야 하는지를 명확히 인지하고 있어야 하며 다양한 리더십 유형을 상황에 따라 효과적이며 유연하게 적용해야 한다.

다양한 리더십 유형을 활용하는 것은 효과적으로 리더십을 발휘하기 위해 매우 중요하다. 리더십 개발은 일반적으로 진단→계획→실행의 과정을 거친다. 리더십 개발에 있어 가장 중요한 것은 리더십 현상이 어떤지를 진단하는 것이다. 다음 단계는 진단결과에 입각하여 리더십 개발계획을 마련하는 것이다. 앞의 진단단계에서 무엇을 개발할 것인가를 결정했으면 어떻게 할 것인가를 계획해야 한다. 이 단계에서 주목할 것은 ① 개발목표를 정하고 ② 방법을 결정하며 ③ 지켜야할 원칙을 만드는 일이다. 다음은 계획한 것을 실행하는 단계이다. 이 단계의 핵심은 꾸준히 목표를 향해서 나아가는 노력이 중요하다(백기복 외, 2009).

리더십 개발방법은 크게 개인에게 초점을 두는 방법과 조직에 초점을 두는 방법이 있다. 개인에 초점을 두는 방법은 일반적인 리더십 자질의 함양과 능력배양에 중점을 두고, 조직에 초점을 두는 방법은 해당조직에서 리더직무와 직접 연관되는 능력을 체계적으로 개발하고자 하는 방법이다. 개인에게 초점을 두는 방법에는 개인이 자율적으로 리더십을 개발하는 방법과 조직차원에서 체계적으로 실행하는 방법이 있다. 오늘날 대부분의 리더십 개발방법은 조직의 요구에 초점을 두고 있으며 그 방법에는 핵심역량 중심의 교육과정, 리더십 파이프라인, 액션러닝, 리더직책의 경험학습, 현장 코칭, 멘토링 등이 있다. 여기서 리더십 파이프라인은 리더육성 및 차세대 리더 승계 방법의 근간이며 경력관리와 유사한 방법이고, 액션러닝은 구성원들이 프로젝트팀을 구성하여 현장과 밀착된 현안과제의 해결과정을 통해 리더십 역량을 개발하는 집단적인 체험학습방법이다(박유진, 2011).

학습활동

나의 팀 구성원으로서의 행동 수준

문항	거의 그렇지 않다	가끔 그렇다	아주 그렇다
1. 나는 공통의 목적에 대해 동의를 구한다.			
2. 나는 다른 이들이 그들의 세부적인 목표에 대해 걱정하도록 내버려 둔다.			
3. 나는 각 구성원들이 개인적으로나 공동적으로 맡아야 할 책임을 명확하게 한다.			
4. 나는 작은 성과보다는 큰 성공에 치중한다.			
5. 나는 나의 문제와 한계점을 말하지 않는다.			
6. 나는 다른 이들의 의견을 경청한다.			
7. 나는 신뢰할 수 있고 정직하다.			
8. 나는 나의 업무적 성과에 대한 피드백을 얻기 위해 다른 사람을 괴롭히지 않는다.			
9. 나는 어떻게 집단의 프로세스가 개선될 수 있는지에 대해 충고한다.			
10. 나는 다른 이들에게 그들의 기여도에 대한 피드백을 제공한다.			

채점 및 결과해석

문제 1,3,6,7,9,10에 대해서는 아주 그렇다는 3점, 가끔 그렇다는 2점, 거의 그렇지 않다는 1점으로 채점하고, 2,4,5,8번은 반대로 아주 그렇지 않다가 3점, 가끔 그렇다가 2점, 아주 그렇다가 1점으로 채점한다.

27점 이상은 효과적인 팀플레이어이며, 22 - 26점은 팀플레이어로서 역할을 개선할 필요가 있고, 22점 이하는 팀 구성원으로서 부족하여 공부할 필요가 있다.

출처: Robbins & Hunsaker(2006), pp. 165-166.

제7장

고객관리에서의 문제해결

1. 고객서비스의 의미

무조건 친절이나 베푸는 것이 고객서비스는 아니다. 그것은 서비스의 한 방법일 뿐이다. 고객과의 신뢰를 구축하여 고객을 유지하고 매출액을 향상시킬 수 있는 기본원칙이 있어야 한다.

고객서비스란 다양한 고객의 요구를 파악하고, 대응법을 마련하여 고객에게 양질의 서비스를 제공하는 것을 말한다. 특히, 소비자들에 대한 고객불만처리 서비스는 소비자들의 실망한 마음에 만족과 재구매를 줄 수 있다는 점에서 기업에게 중요한 의미를 지니고 있다. 따라서 서비스의 실패를 처리하는 가장 좋은 방법은 서비스 실패를 사전에 방지하는 것이다. 이를 위한 전략은 다음과 같다.

첫째, 고객의 입장에서 생각하라. 고객과 상호 의사소통을 통해 고객이 이야기한 요구, 관심과 질문뿐 아니라 고객이 말하지 않은 것까지도 알려고 노력하고 고객이 어떤 서비스를 받고 싶은지 생각해야 한다. 둘째, 고객이 하고 싶어하는 대로 하도록 하라. 고객이 특별하고 중요하다고 느끼도록 만들고 고객의 기대를 초과해서 충족시킨다면 고객은 좋은 느낌을 가진다. 셋째, 고객을 존경하라. 고객의 문제에 초점을 맞추기 전에 고객의 의견을 지지하며, 인간 중심의 접근방법으로 문제 분석과 해결을 한다. 고객과 함께 이해하고 해결방안을 찾으면 좋은 결과가 나온다. 넷째, 고객에게 초점을 맞춰라. 고객이 하는 모든것에 반응을 하고 감정이입을 해서 고객을 위해 최선을 다하며 빨리 행동하며 고객을 안심시키고 재확신을 주며 곧바로 행동을 취한다. 다섯째, 고객의 기대를 뛰어넘어라. 고객의 욕구와 기대를 파악하고 관심을 가지고 다른 방법보다 빠르고, 우수하고, 효과적인 서비스를 제공하여 고객의 기대치를 능가해야 한다. 고객서비스의 목적을 정리하면 다음과 같다.

① 고객서비스는 우리의 고객을 지키는 것이다.
② 고객서비스는 우리의 서비스와 제품으로 고객의 만족을 유지하는 것이다.
③ 고객서비스는 우리가 함께 번영을 누릴 수 있기 위하여 고객의 번영을 위해 기여하는 것이다.
④ 고객서비스는 우리의 고객들과 일반인들이 우리기업을 좋게 생각하고, 그에 대해 긍정적으로 말할 수 있도록 확인시키는 것이다.
⑤ 고객서비스는 새 고객들의 흥미를 끌고 그 고객들을 유지하며, 또한 그들을 만족시키는 것을 돕기 위한 것이다.
⑥ 고객서비스는 항상 우리의 고객들과 좋은 의사소통 관계를 유지시키는 것이다.
⑦ 고객서비스는 불평하는 모든 고객들이 우리들에게 어떤 요구를 해왔을 때, 정중하게 그들을 대해야 함을 인식하는 것이다.
⑧ 고객서비스는 문제의 해결을 위해 공정하고 신속히 행동하는 것이다.
⑨ 고객서비스는 문제를 처리하도록 훈련받은 직원이 투입된 효과적인 고객서비스 불만 처리 담당부서를 개설하는 것이다.
⑩ 고객서비스는 고객들을 잘 관리하기 때문에 고객들을 유지하는 회사로 알려지는 것이다.

학습활동

다음 사례를 읽고, 고객서비스란 무엇이며 고객의 불만을 해소하기 위해서는 어떠한 노력이 필요한지 토론해보자.

> 연구원 P씨는 피자 한 판 가격에 두 판을 먹을 수 있다는 게 특징인 C피자전문점을 자주 이용한다. 주중엔 회사 동료들과 주말엔 친구들과 자주 이용하는 이곳에서 하루는 피자 두 판 중 하나에 머리카락이 들어 있는 것을 발견했다. P씨는 매장으로 전화를 해 이물질이 들어있다고 클레임을 접수했다. 그런데 전화를 받은 직원은 피자에 이물질이 들어갔다는 고객의 클레임에 대해 사과의 말도 없이 "고객님, 그럼 피자 한 판은 무료로 배송해드리겠습니다"라며 통보식으로 말했다.
>
> 고객의 입장은 전혀 고려하지 않은 직원의 답변에 증거사진자료와 함께 불쾌한 감정을 그대로 블로그에 올렸다. 블로그 내용은 며칠사이 일파만파로 퍼지고 결국 해당 피자브랜드의 본사직원도 알게 됐다.

고객서비스의 향상을 위해서는 고객의 기업에 대한 불만을 해소하는 것이 매우 중요하다. 그러나 고객들이 불만을 표현하는 유형은 매우 다양하다. 고객의 불만을 다루는 것은 고객서비스 차원에서 피할 수 없는 일이다.

2. 고객설득과 협상전략

상대의 표준을 이용하는 법은 사람들이 잘 모르는 뛰어난 협상 도구이다. 여기서 말하는 표준은 객관적인 표준이 아니라 상대가 스스로 정한 표준을 뜻한다. 표준은 의사결정에 정당성을 부여하는 관행이나 정책 혹은 참고사항을 말하며, 이는 선언, 약속 혹은 보증의 형태로 구체화된다. 회사의 정책은 근본적으로 따라야 할 규칙들을 담은 표준이다. 하지만 정책 못지않게 정책의 예외 역시 강력한 도구로 삼을 수 있으니 참조하기 바란다.

사람들은 자신의 말을 어기는 모습을 다른 사람들에게 보이기 싫어한다. 그래서 과거에 한 말이나 약속, 즉 표준에 대해 물어보면 대부분 이를 따르고자 하는 경향이 있다. 또한 이 방법은 상대방을 긴장시켜 그들이 표준을 어기는 일을 줄이는 두 번째 효과를 낳기도 한다.

표준을 활용할 때 가장 중요한 것이 바로 프레이밍이다. 여기서 프레이밍이란 상대에게 정보를 제시하는 방법을 말한다. 프레이밍은 정보를 제시할 때 가장 매력적이고 정곡을 찌르는 문구로 상대에게 강한 이미지를 남긴다. 마치 제품의 복잡한 성능과 장점을 표현한 한 문장의 카피라고 생각하면 쉽다.

표준을 활용하는 방법의 잠정 중 하나는 상황을 조작하지 않고 공정한 절차를 밟는다는 것이다. 당신은 상대방이 정한 표준을 협상의 무기로 삼고, 상대방이 스스로 한 약속을 지키라고 요구 하면 된다.

이렇게 우리는 살아가면서 수많은 난관에 부딪히고 또 극복해간다. 그리고 우리는 이러한 난관을 만날 때마다 좌절하지 않고, 이를 극복하기 위해 누군가와 논의를 하고, 해결책을 찾기 위해 많은 노력을 기울인다. 여기서 해결책을 찾는 노력, 즉 문제가 제시되면 해결책을 도출함으로써 극복하는 것이 바로 협상이다.

일반적으로 '협상'이라는 말을 들었을 때, 대부분의 사람들이 자동적으로 떠올리는 그림은 심각한 표정으로 회의실 탁자에 둘러앉아 복잡하게 얽힌 거래상의 이해관계를 따지며 조율하거나, 노사관계자들이 자정으로 예고된 파업을 막기 위해 머리를 맞댄 채 골머리를 앓고 있는 모습일 것이다.

학습활동

다음 사례를 읽고, A학생이 어떠한 협상 전략을 활용하였는지 설명해보자.

A학생이 밤 11시 5분 전에 맥도날드에 가서 감자튀김을 샀다. 그는 감자튀김이 눅눅한 것을 보고 새 걸로 바꾸어 달라고 말했다. 그러나 점원은 5분 뒤면 문을 닫는다며 거절했다. A학생은 말없이 카운터 한쪽 끝에 광고지를 들고 다시 점원 앞에 섰다. 유인물에는 언제나 신선한 제품을 제공한다는 내용이 적혀 있었다.

"여기 맥도날드 맞죠?"

점원을 고개를 끄덕일 수 밖에 없었다.

"이 광고지에 언제나 신선함을 보장한다고 적혀 있네요. 문 닫기 5분전에는 신선함을 보장하지 않는다는 내용은 없는데요?"

결국 A학생은 새 감자튀김을 먹을 수 있었다.

출처: 스튜어트 다이아몬드(2011).

대부분의 사람들은 이 상황에서 눅눅한 감자튀김을 그냥 먹거나 직원에게 화를 내며 항의했을 것이다. 하지만 A학생은 아주 침착하게 맥도날드가 스스로 정한 표준을 이용했다. 이 방법은 공과 사를 막론하고 크고 작은 협상에서 대단히 강한 설득력을 발휘한다. 상대의 표준을 이용하는 법은 사람들이 잘 모르는 뛰어난 협상도구이다. 여기서 말하는 표준은 객관적인 표준이 아니라 상대가 스스로 정한 표준이다. 사람들은 자신의 말을 어기는 모습을 다른 사람들에게 보이기 싫어한다. 그래서 과거에 한 말이나 약속, 즉 표준에 대해 물어보면 대부분이 이를 따르고자 하는 경향이 있다. 또한 이 방법은 상대방을 긴장시켜 그들이 표준을 어기는 일을 줄이는 효과를 낳기도 한다.

협상에 있어 상대방을 설득시키는 일은 필수적이다. 상대방을 설득시키는 방법은 상대방에 따라, 상황에 따라 매우 다양하다. 설득은 이성적인 요인도 있지만 감정적인 요인도 작용하기 때문이다. 상대방을 설득하기 위한 전략을 살펴보면 다음과 같다(NCS 매뉴얼, 2015).

① See - Feel - Change 전략

설득전략으로 'See(보고)-Feel(느끼고)-Change(변화한다)' 전략을 사용할 수 있다. 즉, 설득전략을 사용하여 갈등관리를 순조롭게 하고, 설득전략을 통해서 협상의 목적을 성공적으로 달성할 수 있다. 협상전략 관점에서 볼 때, 'See'전략은 시각화하고 직접 보게하여 이해시키는 전략이며, 'Feel'전략은 스스로가 느끼게 하여 감동시키는 전략이며, 'Change'전략은 변화시켜 설득에 성공한다는 전략이다.

See (시각화하여 이해시킨다.)	→	Feel (느끼게 하여 감동시킨다.)	→	Change (변화시켜 설득에 성공한다.)

② 상대방 이해 전략

협상 상대방을 설득하기 위해서는 설득에 장애가 되는 요인들을 척결해야 한다. 협상 전략에 있어서 상대방 이해란 협상과정상의 갈등해결을 위해서 상대방에 대한 이해가 선행되어 있으면 갈등해결이 용이하다는 것이다. 예컨대 상사가 부하를 설득하기 위해서는 부하에 대한 이해가 선행되어야 한다. 사용자가 노동자들을 설득하기 위해서는 노동자들에 대한 이해가 선행되어야 하며, 부처간의 갈등에 있어서도 상대방 부처를 설득하기 위해서는 상대방 부처에 대한 이해가 선행되어야 한다.

③ 호혜관계 형성 전략

호혜관계란 협상당사자간에 어떤 혜택들을 주고받은 관계가 형성되어 있으면 그 협상 과정상의 갈등해결에 용이하다는 것이다. 예컨대 부처간에 도움을 받으면 도움을 주어야 한다는 것이다. 이는 빚은 갚아야 한다거나 약속은 지켜야 한다는 것과 같은 사회적 의무에 관한 교육과 학습의 영향이다. 관리자와 부하간의 호의에 있어서, 이 호의에는 부하가 원했던 원치 안 했던 관계없이 모든 호의가 이에 해당된다. 따라서 부하를 일단 빚진 상태로 만들면 된다. 즉 부하를 먼저 무언가를 도와주면 된다. 시민과의 관계에서도 마찬가지다. 정부는 시민에게 먼저 어떤 호혜를 베풀면 된다. 그렇게 되면 부하와 상사간에 또는 시민과 정부간에 호혜관계에 놓이게 된다. 평소에 이렇게 호혜관계를 잘 형성해 놓으면 차후에 어떤 정책을 추진할 때 다른 사람으로부터 협조를 잘 받아낼 수 있다.

④ 헌신과 일관성 전략

헌신과 일관성이란 협상당사자간에 기대하는 바에 일관성 있게 헌신적으로 부응하여 행동하게 되면 협상과정상의 갈등해결이 용이하다는 것이다. 헌신과 일관성이란 상대방의 기대에 헌신적이고 일관성 있게 부응하여 행동하는 것이다. 이는 일종의 습관 같은 것으로 반복하다가 보면 존재하지 않는 것도 존재하는 것처럼 착각해서 생기게 된다. 관리자가 부하들에게 대하는 행동도 마찬가지로 적용된다. 사소한 습관에서부터 큰 것으로 지속적으로 진행해야 한다. 도중에 나쁜 습관을 이것저것 허락하게 되면 헌신과 일관성의 법칙이 깨어지기 때문에 부하들은 자신들도 모르는 사이에 나쁜 버릇을 가지게 된다.

⑤ 사회적 입증 전략

사회적 입증이란 어떤 과학적인 논리보다도 동료나 사람들의 행동에 의해서 상대방 설득을 진행하는 것이 협상과정상의 갈등해결이 더 쉽다는 것이다. 사회적 입증이란 사람은 과학적 이론보다 자신의 동료나 이웃의 말이나 행동에 의해 서 쉽게 설득된다는 것과 관련된 기술이다. 광고에서 말하는 소위 '입 소문'을 통해서 설득하는 것이 광고를 내보내서 설득하는 것보다 더 효과가 있다는 것이다.

⑥ 연결 전략

연결이란 협상과정상의 갈등상태가 발생했을 때 그 갈등 문제와 갈등관리자를 연결하는 것이 아니라 그 갈등을 야기한 사람과 관리자를 연결하면 갈등해결이 용이해 진다는 것이다. 연결이란 제품(예컨대 정부정책)과 자신을 연결하는 것이 아니라 그 제품을 판매(예컨대 집행)하는 사람과 자신을 연결한다는 것이다. 따라서 어떤 정책을 집행할 때 그 정책에 이해관계를 가진 집단들에게 우호적인 사람으로 하여금 집행하게 되면 그 정책으로 인해 발생하는 갈등을 용이하게 해결할 수 있다는 것이다. 따라서 연결기술을 효과적으로 사용하기 위해서는 우호적이거나 좋은 이미지, 협력적인 행정이나 정책들을 사용하여 다른 사람을 설득시키는 것이 용이하다.

⑦ 권위 전략

권위란 직위나 전문성, 외모 등을 이용하면 협상과정상의 갈등해결에 도움이 될 수 있다는 것이다. 설득기술에 있어서 권위란 직위, 전문성, 외모 등에 의한 기술이다. 사람들은 자신보다 더 높은 직위, 더 많은 지식을 가지고 있다고 느끼는 사람으로부터 설득 당하기가 쉽다. 계장의 말씀보다 국장의 말씀에 더 권위가 있고 설득력이 높다. 비전문가보다 전문가의 말에 더 동조하게 된다. 전문성이 있는 사람이 그렇지 않은 사람보다 더 권위가 설득력이 있다.

⑧ 희소성 해결 전략

희소성이란 인적, 물적 자원 등의 희소성을 해결하는 것이 협상과정상의 갈등해결에 용이하다는 것이다. 그러나 이 희소성의 문제는 그 희소한 것을 강력히 소유하고자 하는 사람 또는 집단들의 소유욕이 있을 때에 한해서 통용된다. 즉 아무리 자원이 희소하더라도 그것을 소유하고자 하는 사람이 없으면 그 희소성으로 인해서 갈등이 야기되지 않는다는 것이다. 사람들은 시간적으로 희소하고 사회경제적으로 희소한 것 등에 대해서 더 강력히 소유하고자 하는 큰 욕구를 가지고 있을 때 목숨을 걸 정도로 설득을 잘 당한다는 것이다.

⑨ 반항심 극복 전략

반항심이란 협상과정상의 갈등관리를 위해서 자신의 행동을 통제하려는 상대방에게 반항한다는 것에 관련된 것이다. 로미오와 줄리엣 효과는 희소성과 반항심리를 잘 묘사하고 있다. 부모들의 '하지 마라'라는 반대가 연인들로 하여금 반항심리를 불러 일으켜 더 깊은 사랑을 하게 만든다. 부모들의 반대가 심화되면 될 수록 로미오와 줄리엣에게 희소성이 더욱 강화되고 반항심을 더욱 자극하여 더 깊은 사랑에 빠지게 만들고 결국엔 자살로 이어진다는 것이다. 부하나 시민들을 설득하는데도 마찬가지이다. 억압하면 할수록 더욱 반항하게 될 가능성은 높아진다. 부하나 시민들을 비난하거나 부정하는 말이나 행동으로 설득시키려하면 부하나 시민들로 하여금 반항심리를 유발시켜 설득에 실패하게 될 확률이 높다.

학습활동

나의 협상 수준은 어떠한가?

문항	매우 동의	동의	보통	동의하지 않음	아주 동의하지 않음
1. 나는 모든 일은 협상이 가능하다고 생각한다.					
2. 모든 협상과정에서, 어떤 이는 이득을 얻고 어떤 이는 손해를 보게 된다.					
3. 나는 협상 전에 상대방에 대한 정보를 최대한 많이 수집하려고 노력한다.					
4. 상대방의 초기 제안이 나의 협상전략을 결정짓는 요소가 된다.					
5. 나는 작은 부분에서 먼저 양보하는 등 긍정적인 행동으로 협상을 시작하려 한다.					
6. 나는 모든 협상과정에서 가능한 나의 승리에 초점을 맞춤으로서 성공을 계획한다.					

채점 및 결과해석

지문 1, 3, 5에 대해서는 매우 동의는 5점, 동의는 4점, 보통은 3점, 동의하지 않음은 2점, 아주 동의하지 않음은 1점으로 채점하고, 지문 2,4,6,에 대해서는 1,3,5번과 반대로 아주 동의하지 않음이 5점... 매우 동의가 1점으로 채점한다.

25점 이상은 효과적인 협상에 대한 이해가 높으며, 19 - 24점은 협상에 대해 개선할 필요가 있고, 18점 이하는 협상에 대해 공부할 필요가 있다.

출처: Robbins & Hunsaker(2006), pp. 210-211.

나의 설득 수준은 어떠한가?

문항	거의 그렇지 않다	가끔 그렇다	아주 그렇다
1. 누군가를 설득하기 전에 내 마음 속에는 확실한 목표가 있다.			
2. 내가 설득하고자 할 때 사람의 성향에 내가 주장하는 바를 맞춘다.			
3. 누군가를 설득하고자 할 때 상대방이 그 행동을 함으로써 어떤 이득을 얻을 수 있는지를 명시해준다.			
4. 내가 관리자라면 나의 공식적 지위가 보장하는 권력에 부하직원들이 복종하기를 원할 것이다.			
5. 누군가를 설득할 때 나는 상대방이 충분한 지적능력을 지니고 있고 논리적인 접근에 반응할 것이라고 인정한다.			
6. 누군가를 설득할 때 나는 내가 원하는 것이 왜 중요한지를 충분히 설명한다.			
7. 누군가를 설득할 때 나는 논리적인 접근뿐만 아니라 감정적인 접근방법도 사용하려고 한다.			

채점 및 결과해석

지문 1, 2, 3, 5, 6, 7에 대해서는 아주 그렇다는 3점, 가끔 그렇다는 2점, 거의 그렇지 않다는 1점으로 채점하고, 4번은 반대로 아주 그렇지 않다가 3점, 가끔 그렇다가 2점, 아주 그렇다가 1점으로 채점한다.

19점 이상은 설득 스킬을 효과적으로 사용하고 있고, 16 - 18점은 설득에 대해 개선할 필요가 있고, 16점 이하는 설득에 대해 공부할 필요가 있다.

출처: Robbins & Hunsaker(2006), pp. 126-127.

성과급, 인센티브, 승진, 상벌, 경쟁과 협동 등에 초점을 둔다.

Herzberg는 직무 불만족을 야기하는 요인을 위생요인이라고 했다. 이것은 업무가 수행되고 있는 작업환경 및 작업조건, 직무불만족을 예방하는 기능을 하며, 조직의 정책과 관리, 감독, 작업조건, 대인관계, 금전, 지위, 신분, 안정 등을 포함한다. 반면에 만족을 주는 요인을 동기요인이라 하였다. 이것은 조직구성원이 더욱 우수한 업무 수행을 위해 동기부여하는데 적합한 요인으로, 직무 그 자체와 관련되며, 자기성취, 성취에 대한 인정, 도전적이고 보람 있는 과업수행, 책임의 증대, 승진 등이 해당된다.

McGregor는 X이론 지향 인간을 일하기를 싫어하며, 야망이 없고 책임지기를 싫어하고 통제에 순응하면서 조직문제에 있어 창의력을 발휘하지 못하며, 생리적 욕구나 안전욕구 단계의 동기를 부여해야 한다고 보았다. 반면에 Y이론 지향 인간은 작업환경을 적절히 제공하면 직무를 자발적이고 창의적으로 수행하며, 사회적 · 존경 · 자기실현 단계의 욕구를 선호한다고 보았다.

3. 다음의 사례를 읽고 질문에 답하시오.

이보건 씨는 많은 프로젝트 기획에서 탁월한 성과를 지닌 AB회사의 직원 중 하나이다. 그가 제안한 아이디어와 전략은 탁월했고 적중하는 경우가 대부분이었다. 그런데 그는 10억 상당의 계약을 따기 위해 특별 구성된 무지개 팀프로젝트를 수행하고 있다. 그런데 어느날 그는 동료와의 협업에 힘들어 하고 있었다. 그래서 그 프로젝트 매너저는 그와 면담을 하고 있다. 그는 "저는 팀플레이어가 아니며, 혼자 일하고 혼자 내버려둘 때 가장 능률이 오릅니다."라고 말하였다. 또한 그는 "함께 일하는 사람 중에서 잘 의견이 맞지 않고 늘 반대만 하는 재무팀 직원 때문에 일하기 어려워요"라고 말하였다. 반면에 다른 팀원들은 "이보건 씨가 무임승차하고 있고, 팀웍이 어려우니 그를 중도하차해야 한다"고 주장하였다.

1) 이보건 씨가 갖고 있는 문제를 공식조직과 비공식조직 관점에서 제시하시오.

2) 이보건 씨의 부서장이라고 가정하고, 맥그리거의 X,Y 이론 관점에서 직무동기 향상을 위해 퍼실리테이션 한다면 어떻게 할 것인지를 제시하시오.

4. 다음 사례를 읽고, 어떠한 갈등인지 기술하고, 조직내 갈등을 줄이기 위한 해결방법을 제안해보시오.

> 자칭 모범 사원인 총무과 최 과장은 오늘도 어김없이 곽 부장과 실랑이를 벌인다.
>
> "최 과장, 그럼 왜 그때 보고를 하지 않았어?"
> "부장님께서 바쁘신 것 같아서 그랬습니다."
> "내가 바쁘건 안 바쁘건 보고는 바로 해야 할 것 아닌가?"
> "제가 보고하면 바쁜 부장님께 괜히 부담만 드리는 것 같았고, 사실 보고를 해도 어차피 바로 피드백을 받지 못할 것 같아서 그랬습니다."
> "아니, 그게 무슨 소리야?"
>
> 두 사람의 대화를 보면 얼핏 듣기에는 최 과장이 곽 부장을 배려하는 것 같지만, 실제로는 곽 부장을 비난하는 까칠한 메시지가 감추어져 있다. 이렇게 묘한 공격을 받으면 듣는 사람은 직설적인 표현을 들을때 보다 더 불쾌감을 느끼게 된다.
>
> 당신이 속한 조직에도 겉으로는 복종하는 척하지만 실제로는 공격의 칼날을 겨누는 직원이 있는가? 면전에서는 '네, 네' 대답을 잘하지만 이후에는 함흥차사인 부하직원이 있는가? 상사에게 특정인을 험담하거나 여기저기 다른 말을 옮기고 다니는 사람, 또는 채팅(SNS)를 통해서 상대방을 은밀히 모함하는 사람은 없는가?
>
> 이런 종류의 공격적 행동은 가해자와 함께 생활하거나 직접 일해 보지 않으면 알아차리기 어렵다. 그들은 겉으로는 모두 수긍하는 척하기 때문이다. 그러니 조직의 문제를 인식할 정도가 되면, 이미 여러 사람들이 이들에게 뒤통수를 맞은 다음이기 십상이다.
>
> 게다가 마땅히 그를 교정할 방법이 없기 때문에 갈등은 차곡차곡 쌓여서 조직 분위기에도 영향을 미친다. 이런 이들이 늘어나면, 조직 전체에 이러한 수동공격적 성격이 만연하게 된다.

"대놓고 말하는 직원보다 훨씬 더 얄밉지요. 시급한 사안을 처리해야 하는데도 제때 이야기하지 않아서 손해를 보았습니다. 나중에 보니까 자기 이익은 다 따로 챙겼더라고요. 그때 그 친구에 대한 신뢰를 완전히 잃었죠."

"제일 어려운 점은 딱 부러지게 지적을 하기 어렵고 인사고과에 반영하기도 어렵다는 점이지요. 딱히 꼬투리를 잡기는 어려운데 일이 진행되지 않으니까 화가 납니다. 언제 부메랑으로 돌아올지 모르니 일을 맡기기도 어렵고, 팀 분위기도 나빠지고....."

5. 다음은 조직내에서의 갈등상황이다. 백대리의 조직과 개인의 관계는 어떠한지 설명해보고, 효과적인 팀웍 및 직무역량을 발휘하기 위해서는 어떠한 노력이 필요한지 말해보자.

"얼마전 직원 어머니가 회사로 항의 전화를 했답니다. 아시다시피 건축 일이라는게 밥 먹듯이 야근을 해야하는 일이잖아요. 그런데 당신 딸 야근 너무 많이 시킨다고 전화를 하였어요. 직원이 집에 가서 뭐라고 말했는지는 모르겠지만 부모가 직장에 그런 전화를 걸다니 황당하잖아요. 처음에는 별일이 다 있구나 했었는데, 비슷한 일을 계속 겪에 되더라고요. 그래서 참다못해 주의를 줬더니..."

백대리 때문에 골치가 아프다며, 한 관리자가 상담을 요청해왔다. 이후 무슨 일이 있었는지 궁금해서 물었더니, "직원 아버지가 그 길로 찾아와서 고소하겠다고 난리가 났었답니다. 자초지종을 설명해도 '이제 갓 사회생활 시작한 애를 왜 기를 죽이냐'며 가만두지 않겠다고 해서 회사가 발칵 뒤집어졌어요."라는 대답을 들을 수 있었다.

처음에는 그의 이야기를 단순한 해프닝으로 들었는데, 계속 듣다보니 스물대여섯이 된 성인이 직장생활에서 겪는 고충을 부모의 손을 빌려 해결하려는 상황이 좀처럼 이해되지 않았다. 그렇다면 저 직원은 대체 언제까지 부모가 대신 나서서 세상살이의 풍랑을 막아주어야 한단 말인가.

hint 문제의 직원(백대리)은 다음과 같은 특성을 보인다.

- 어떤 사항을 결정하는데에 어려움을 느낀다.
- 모임이나 조직 내에서 확실한 자기 편을 만드는 경향이 있다.
- '사람 좋다'거나 '내성적이다'는 평을 자주 듣는다.
- 혼자서는 계획을 세워서 일하기 힘들다.
- 회의를 할 때, 독자적인 의견을 내기보다는 주로 다른 사람의 의견을 듣는 편이다.
- 자신감이 부족하다.
- 부모, 상사 등 중요한 사람에게 재정 문제 등 중요한 결정을 맡긴다.
- 여러운 문제에 직면하면 다른 사람에게 먼저 도움을 청하는 편이다.

제 3 부

문제해결을 위한 의사소통능력

제 8 장

문제해결을 위한 의사소통능력

1. 의사소통의 개념과 필요성

직업생활에서의 의사소통은 상호이해의 과정으로서 중요하다. 즉, 자신이 얼마만큼 알고 있는가 보다 자신의 생각을 얼마나 잘 표현하고, 상대방의 의견을 들어주는가가 중요한 시대가 되었다. 이에 따라 발표나 토론, 문서작성, 경청 등 의사소통에 관련한 내용을 담은 서적이 많이 출간되고 있다. 이처럼 요즘에는 의사소통능력의 중요성이 강조되고 있으며, 의사소통이 원활하지 못한 직업인은 그만큼 직장생활에서 많은 어려움을 겪기도 한다.

의사소통(communication)의 의미는 '상호 공통점을 나누어 갖는다.'로 라틴어 'communis(공통, 공유)'에서 나온 말이다. 의사소통이란 두 사람 또는 그 이상의 사람들 사이에서 일어나는 의사의 전달과 상호교류가 이루어진다는 뜻이며, 어떤 개인 또는 집단이 개인 또는 집단에 대해서 정보, 감정, 사상, 의견 등을 전달하고 그것들을 받아들이는 과정이라고 할 수 있다. 사람들은 여러 가지 이유 때문에 의사소통을 한다. 직업생활에 있어서의 의사소통이란 공식적인 조직 안에서의 의사소통을 의미한다. 직업생활에서의 의사소통은 조직의 생산성을 높이고, 사기를 진작시키고, 정보를 전달하고, 설득하려는 목적을 가지고 있다.

개인들이 집단을 이루어 활동할 때 그 활동을 효과적으로 수행하기 위해서는 조직구성원 간의 의사소통이 원활하게 이루어져야 한다. 효과적이고 원활한 의사소통은 조직과 팀의 핵심적인 요소이며, 구성원 간에 정보를 공유하거나 의사결정을 전달하는 중요한 수단이기도 하다. 의사소통이란 가장 단순하게 말하면 개인 간에 정보를 교환하는 과정이라고 할 수 있다. 다시 말해 의사소통은 조직과 팀의 효율성과 효과성을 성취할 목적으로 이루어지는 구성원 간의 정보와 지식의 전달 과정으로서 여러 사람의 노력으로 공통의 목표를 추구해 나가는 집단 내의 기본적인 존재 기반이고 성과를 결정하는 핵심 기능이라 할 수 있다. 자신의 생각과 느낌을 효과적으로 표현하는 것과 타인의 생각과 느낌, 사고를 이해하는 노력은 개인은 물론이고 조직이나 팀과 관련된 핵심적인 요소이다.

인간관계 특히 조직 내에서 의사소통이 중요시 되는 이유는 직장생활에서 필수적이며 대인관계의 기본이 되고, 인간관계가 의사소통을 통해서 이루어지는 상호과정이고, 상호간의 일반적 이해와 동의를 얻기 위한 유일한 수단이기 때문이다. 또한 의사소통은 제각기 다른 사람들이 서로에 대한 지각의 차이를 좁혀주며, 선입견을 줄이거나 제거해 줄 수 있는 수단이기 때문이다. 그리고, 직장에서 상사나 동료 혹은 부하와의 사이에 작업상 의사소통이 이루어져 상호간에 공감하게 된다면 직장의 팀워크는 높아지고 그로 인해 사기가 높아져 능률이 향상될 수 있다. 하지만 적절한 의사소통을 조직 내에서 형성한다는 것은 결코 쉬운 일이 아니다.

조직의 구성원은 다양한 사회적 경험과 사회적 지위를 토대로 한 개인의 집단이므로 동일한 내용을 제시하더라도 각각 다르게 받아들이고 반응한다. 메시지는 고정된 단단한 덩어리가 아니라 유동적이고 가변적인 요소이기 때문에, 상호작용에 따라 다양하게 변형될 수 있다는 사실을 기억해야 한다.

의사소통은 내가 상대방에게 메시지를 전달하는 과정이 아니라 상대방과의 상호작용을 통해 메시지를 다루는 과정이다. 따라서 성공적인 의사소통을 위해서는 내가 가진 정보를 상대방이 이해하기 쉽게 표현하는 것도 중요하지만, 상대방이 어떻게 받아들일 것인가에 대한 고려가 바탕이 되어야 한다. 우리가 남들에게 일방적으로 언어 혹은 문서를 통해 의사를 전달하는 것은 엄격한 의미에서 말하는 것이지 의사소통이라고 할 수 없다. 의사소통이란 다른 이해와 의미를 가지고 있는 사람들이 공통적으로 공유할 수 있는 의미와 이해를 만들어 내기 위해 서로 언어 또는 문서, 그리고 비언어적인 수단을 통해 상호 노력하는 과정이기 때문에 일방적인 말하기가 아니라 의사소통이 되기 위해서는 의사소통의 정확한 목적을 알고, 의견을 나누는 자세가 필요하다.

참 고

의사소통 유형

Reece와 Brandt(2002)는 사람들의 의사소통 유형을 감정형, 지휘형, 지원형, 사려형으로 구분하고 있다.

첫째, 감정형(emotive style)은 끊임없이 이야기하고, 계속적으로 무언가를 진행해 나가며, 자신의 견해를 적극적으로 표출하는 활동지향적인 행동이 나타난다. 일을 할 때 서로의 이름을 부르는 것을 좋아하고 다른 사람을 만난 후, 곧장 자신의 개인적인 견해를 나누기를 좋아하는 비공식성을 선호하는 모습을 보인다.

둘째, 지휘형(directive style)은 딱딱한 인상을 주고, 냉담하고 격식을 차리는 신중한 태도를 유지한다. 강력한 의견을 표현하고, 결심을 전할 때에 확고한 손짓과 알맞은 목소리로 지시하며, 통제를 하고 싶어 하는 사람의 이미지를 지니고 있다. 대인관계를 맺을 때에 개인적 관심을 잘 표현하지 않고 주로 공식적인 접근을 한다.

셋째, 지원형(supportive style)은 상대방의 의견을 주의 깊게 듣는 좋은 경청자로서, 이는 여러 직업 환경에서 독특한 장점으로 활용된다. 조직 안에서 권력사용을 피하고, 대인관계를 맺을 때에 자신의 의견을 따뜻한 언행과 문자로 표현하며 편안하게 설득하는 특성을 나타낸다. 의사 결정을 할 때, 많은 사람들의 의견을 참고하고, 심사숙고하여 결론에 접근한다.

넷째, 사려형(reflective style)은 공식적이고 신중하게 예절바른 언행으로 의견을 표현하며, 서두르지 않고, 감정을 자제하는 모습을 나타낸다. 다소 조용하고 문제들에 몰두하며, 냉담하고 사 귀기가 어렵다. 질서정연하게 일하는 환경을 좋아하고, 회의 시에 안건에 신중히 접근 하며, 상세하게 관찰하여 천천히 결정한다.

학습활동

사티어 의사소통 유형 검사

*** 다음 글을 읽고 자신에게 해당하는 문항의 괄호 안에 [○] 표시하시오.**

A. 나는 상대방이 불편하게 보이면 비위를 맞추려고 한다. (　　)
B. 나는 일이 잘못되었을 때 자주 상대방의 탓으로 돌린다. (　　)
C. 나는 무슨 일이든지 조목조목 따지는 편이다. (　　)
D. 나는 생각이 자주 바뀌고 동시에 여러 가지 행동을 하는 편이다. (　　)
E. 나는 타인의 평가에 구애 받지 않고 내 의견을 말한다. (　　)

A. 나는 관계나 일이 잘못되었을 때 자주 내 탓으로 돌린다. (　　)
B. 나는 다른 사람의 의견을 무시하고 내 의견을 주장하는 편이다. (　　)
C. 나는 이성적이고 차분하며 냉정하게 생각한다. (　　)
D. 나는 다른 사람들로부터 정신이 없거나 산만하다는 소리를 듣는다. (　　)
E. 나는 부정적인 감정도 솔직하게 표현한다. (　　)

A. 나는 지나치게 남을 의식해서 나의 생각이나 감정을 표현하는 것을 두려워한다. (　　)
B. 나는 내 의견이 받아들여지지 않으면 화가 나서 언성을 높인다. (　　)
C. 나는 나의 견해를 분명하게 표현하기 위해 객관적인 자료를 자주 인용한다. (　　)
D. 나는 상황에 적절하지 못한 말이나 행동을 자주 하고 딴전을 피우는 편이다. (　　)
E. 나는 다른 사람이 내게 부탁을 할 때 내가 원하지 않으면 거절한다. (　　)

A. 나는 사람들의 얼굴 표정, 감정, 말투에 신경을 많이 쓴다. (　　)
B. 나는 타인의 결점이나 잘못을 잘 찾아내어 비판한다. (　　)
C. 나는 실수하지 않으려고 애를 쓰는 편이다. (　　)
D. 나는 곤란하거나 난처할 때는 농담이나 유머로 그 상황을 바꾸려하는 편이다. (　　)

E. 나는 나 자신에 대해 편안하게 느낀다. (　　)

A. 나는 타인을 배려하고 잘 돌보아주는 편이다. (　　)
B. 나는 명령적이고 지시적인 말투를 자주 사용하기 때문에 상대가 공격받았다는 느낌을 받을 때가 있다. (　　)
C. 나는 불편한 상황을 그대로 넘기지 못하고 시시비비를 따지는 편이다. (　　)
D. 나는 불편한 상황에서는 안절부절못하거나 가만히 있지를 못한다. (　　)
E. 나는 모험하는 것을 두려워하지 않는다. (　　)

A. 나는 다른 사람들이 나를 싫어할까 두려워서 위축되거나 불안을 느낄 때가 많다. (　　)
B. 나는 사소한 일에도 잘 흥분하거나 화를 낸다. (　　)
C. 나는 현명하고 침착하지만 냉정하다는 말을 자주 듣는다. (　　)
D. 나는 한 주제에 집중하기보다는 화제를 자주 바꾼다. (　　)
E. 나는 다양한 경험에 개방적이다. (　　)

A. 나는 타인의 요청을 거절하지 못하는 편이다. (　　)
B. 나는 자주 근육이 긴장되고 목이 뻣뻣하며 혈압이 오르는 것을 느끼곤 한다. (　　)
C. 나는 나의 감정을 표현하는 것이 힘들고, 혼자인 느낌이 들 때가 많다. (　　)
D. 나는 분위기가 침체되거나 지루해지면 분위기를 바꾸려 한다. (　　)
E. 나는 나만의 독특한 개성을 존중한다. (　　)

A. 나는 나 자신이 가치가 없는 것 같아 우울하게 느껴질 때가 많다. (　　)
B. 나는 타인으로부터 비판적이거나 융통성이 없다는 말을 듣기도 한다. (　　)
C. 나는 목소리가 단조롭고 무표정하며 경직된 자세를 취하는 편이다. (　　)
D. 나는 불안하면 호흡이 고르지 못하고 머리가 어지러운 경험을 하기도 한다. (　　)
E. 나는 누가 나의 의견에 반대해도 감정이 상하지 않는다. (　　)

▶ A가 많다면 **회유형**으로 커뮤니케이션 할 때 자기감정과 가치는 무시하며 다른 사람의 의견이나 감정 및 당시 상황을 존중하고 자신은 편하게 느끼지 않으면서 다른 사람을 편하게 해주려고 노력하는 사람으로 내면적으로는 억지로 참고 감정을 숨기면서 겉으로는 태연히 행동하는 유형이다.

▶ B가 많다면 **비난형**으로 자신과 상황을 보호하고 타인을 무시하고 비난하며 자신을 힘이 있고 강한사람으로 타인이 인식하게 하려고 노력한다. 비난형은 내면적으로 자신이 가치가 없다고 생각하며, 깊은 내면에서는 낮은 자기 존중 감정이 있고 자신은 외롭고 실패자라고 생각한다.

▶ C가 많다면 **초이성형**으로 자신이나 타인을 과소평가하고 상황만을 중요시하여 기능적인 것, 자료와 논리를 내세우며 어떤 감정도 나타내지 않고 매우 정확하고 이성적이며 조용하고 냉정, 침착하고 철두철미하다. 무표정하며 융통성이 없으며 자기나 남의 감정을 중요시하지 않고 인정이 없으며 객관적이다.

▶ D가 많다면 **산만형**으로 일반적으로 즐겁고 익살맞으며 초이성형과 반대되는 유형이다. 계속적으로 움직이고 주제를 분산시키며 동시에 여러 가지 행동을 함으로써 자기, 타인, 상황을 모두 무시하고 집중하지 못한다. 내면적으로는 아무도 자기를 걱정해주지 않고 받아들여 주지 않는다고 생각하며 무거운 고독감과 자신의 무가치함을 느낀다.

▶ E가 많다면 **일치형**으로 의사소통은 기능적이며 원만하고 책임감과 정직성, 창의력이 있으며 현실 문제를 현실적 방법으로 해결할 수 있는 능력이 있는 사람들의 의사소통을 말한다. 인간답고 성숙한 의사소통이다. 일치형 커뮤니케이션이란 자기, 타인, 상황 모두를 똑같이 존중하는 의사소통이다.

2. 직장 내 대인 간 의사소통

의사소통은 다양한 방법으로 이루어진다. 면대면 대화와 같이 개인적 관계를 형성하고 유지하는 의사소통이 있는 반면, 정보기술의 발달로 인해 소셜미디어는 멀리 떨어져 있는 사람들과의 의사소통을 가능하게 하였다. 예를 들면, 친구나 동료에게 문자 메시지를 보낼 때, 트윗을 할 때 이메일과 모바일 메신저로 정보 교환 및 공유를 할 때, 페이스북과 같은 사회관계망 서비스를 이용하는 것이다.

학습활동

다음 사례를 읽고 소셜미디어가 대인 간 의사소통에 미치는 영향과 장단점을 말해보자.

> 직장생활 3년차 A씨(30 · 여)는 누구보다도 페이스북(SNS · 사회관계망서비스)을 자주 이용했다. 대학교 때는 휴대폰을 손에서 놓지 않을만큼 페이스북 '마니아'로 꼽혔다.
>
> 그러나 직장인이 된 후부터는 계속해서 이어지는 직장 상사들의 페이스북 친구요청과 메시지 · 댓글 때문에 직장생활 A씨는 그렇게 애지중지하던 SNS를 한 때 과감히 접었다.
>
> A씨는 대학교 때부터 페이스북을 쭉 이용해왔다. 시시콜콜한 이야기들을 올리며 가까운 지인들과 자신의 일상과 생각 등을 공유하는 것이 좋았기 때문이다.
>
> 그러나 A씨가 입사를 한 후부터는 SNS 타임라인 속 환경이 달라졌다. 직장에서 만난 껄끄러운 선 · 후배, 직장 상사들을 집에서도 온라인을 통해 마주해야 했기 때문이다.
>
> A씨는 SNS 소통에 대한 부담감을 토로했다. 그는 서슴없이 눌렀던 친구수락도 상사들의 요청엔 망설여진다고 말했다.
>
> A씨는 "쉬는 날 남자친구와 놀러가서 찍었던 사진들을 SNS에 올리는 것 조차 부담스러워졌다"며 "일은 안하고 놀러만 다니는 것 같은 인상을 직장 동료와 상사에게 심는 것 같았기 때문"이라고 털어놨다.
>
> 메신저로 전해지는 계속되는 지시도 A씨에게는 부담이 됐다. 그는 "휴일 · 밤낮 가리지 않고 울리는 메신저 소리 때문에 화가 나 휴대폰을 던진 적도 몇 번 있다"고 말했다.

제9장

문제해결을 위한 의사표현능력

1. 의사표현의 개념과 중요성

의사표현이란 한마디로 말하기이다. 즉, 말하는 이가 자신의 생각과 감정을 듣는 이에게 음성 언어나 신체언어로 표현하는 행위이다. 의사표현에는 음성언어와 신체언어가 있는데, 음성언어는 입말로 표현하는 구어이고, 신체언어는 신체의 한 부분인 표정, 손짓, 발짓, 몸짓 따위로 표현하는 몸말을 의미한다. '말'이 우리 생활이 미치는 영향이 매우 크기 때문에 제대로 말을 하는 방법에 대한 노력이 그만큼 커지고 있는 것이다.

의사표현은 의사소통의 중요한 수단으로 특히, 말하는 이의 의도 또는 목적을 가지고 그 목적을 달성하는데 효과가 있다고 생각하는 말하기를 의미한다. 의사소통의 중요한 수단인 말하기가 사용되는 예를 들면 다음과 같다. 첫째, 말하는 이가 듣는 이에게 어떤 영향을 미치기 위하여 주장하는 것이다. 즉 말하는 이는 듣는 이의 생각을 변화시키려는 의도로 주장하는 것이다. 둘째, 필요한 정보를 제공받기 위하여 질문하는 것이다. 셋째, 어떤 일을 해주도록 요청할 때 하는 것이다.

의사표현의 종류는 상황이나 사태와 관련하여 공식적 말하기, 의례적 말하기, 친교적 말하기로 구분하며, 구체적으로 대화, 토론, 보고, 연설, 인터뷰, 낭독, 구연, 소개하기, 전화로 말하기, 안내하는 말하기 등이 있다.

첫째, 공식적 말하기는 사전에 준비된 내용을 대중을 상대로 하여 말하는 것이다. 공식적 말하기에는 연설, 토의, 토론 등이 있는데, 연설은 말하는 이 혼자 여러 사람을 대상으로 자기의 사상이나 감정에 관하여 일방적으로 말하는 방식이고, 토의는 여러 사람이 모여서 공통의 문제에 대하여 가장 좋은 해답을 얻기 위해 협의하는 말

3. 올바른 경청자세와 훈련방법

직장인들이 개인이나 조직 간에 원만하게 관계를 유지하고 업무 성과를 높이기 위해서는 적절하게 의사소통할 수 있는 능력이 필수적이다. 특히, 의사소통을 하기 위해서는 다른 사람의 말을 주의 깊게 들으며, 공감할 수 있는 능력을 갖추어야 한다.

> "L씨는 팀원 3명과 함께 프로젝트를 수행하고 있다. 하지만 매번 서로 의견이 충돌되는 경우가 많이 발생되고, 서로의 의견을 제시하는데 급급하여 시간만 낭비한 채 회의를 마치곤 한다. 특히, L씨는 자신의 의견을 전달하는데 급급하고, 상대방의 의견을 신중하게 들어보려고 하지 않는다."

위 사례처럼 사람들은 의사소통을 하는데 있어서, 자신의 의견을 잘 전달하는데 급급하여, 제대로 된 의사소통이 이루어지기 어려운 경우가 종종 발생된다. 이와 같이 경청이란 다른 사람의 말을 주의 깊게 들으며, 공감하는 능력이다. 경청은 대화의 과정에서 당신에 대한 신뢰를 쌓을 수 있는 최고의 방법이다. 우리가 경청하면 상대는 본능적으로 안도감을 느끼고, 경청하는 우리에게 무의식적인 믿음을 갖게 된다. 그리고 우리가 말을 할 경우, 자신도 모르게 더 집중하게 된다. 이런 심리적 효과로 인해 우리의 말과 메시지, 감정은 아주 효과적으로 상대에게 전달된다. 우리가 경청하는 만큼, 상대방은 우리의 말을 경청할 수밖에 없는 것이다. 자기 말을 경청해주는 사람을 싫어하는 사람은 세상에 존재하지 않는다. 다시 말해, 경청을 함으로써, 상대방의 입장에 공감하며 이해하게 된다. 이는 자신의 생각이나 느낌, 가치, 도덕관 등의 선입견이나 편견을 가지고 상대방을 이해하려 하지 않고, 상대방으로 하여금 자신이 이해받고 있다는 느낌을 갖도록 하는 것이다.

좋은 경청자가 되기 위해서는 마음이 편안한 상태로 듣는다거나 듣고 있다는 것을 맞장구로 표현하여 상대가 알도록 한다거나 질문을 활용하는 등으로 평소에 경청훈련을 해두어야 한다. 대화법을 통한 경청 훈련을 통해서 습득한 대화법은 부부

관계에서뿐만 아니라 부모-자녀 관계, 직장 동료와의 대화 등 모든 인간관계에서 그대로 적용될 수 있다.

① 주의 기울이기(바라보기, 듣기, 따라하기)

상대방의 이야기에 주의를 기울일 때는 몸과 마음을 다하여 들을 수 있어야만 자신의 관심을 상대방에게 충분히 보여주는 것이 된다. 따라서 산만한 행동은 중단하고 비언어적인 것, 즉 상대방의 얼굴과 몸의 움직임뿐만 아니라 호흡하는 자세까지도 주의하여 관찰해야 한다. 또한 상대방이 하는 말의 어조와 억양, 소리의 크기까지도 귀를 기울인다.

② 상대방의 경험을 인정하고 더 많은 정보 요청하기

다른 사람의 메시지를 인정하는 것은 당신이 그와 함께 하며 그가 인도하는 방향으로 따라가고 있다는 것을 언어적·비언어적인 표현을 통하여 상대방에게 알려주는 반응이다. 아울러 상대방이 말하고 있는 것에 대해 관심과 존경을 보이게 되면, 비록 상대방의 말에 완전히 동의하지 않더라도 상대방의 경험이 무엇인지 알게 된다. 또한 '요청하기'는 부드러운 지시나 진술, 질문의 형태를 취함으로써 상대방이 무엇이든지 당신에게 더 많은 것을 말할 수 있도록 하는 수단이 된다.

③ 정확성을 위해 요약하기

요약하는 기술은 상대방에 대한 자신의 이해의 정확성을 확인하는데 도움이 될 뿐만 아니라, 자신과 상대방을 서로 알게 하며 자신과 상대방의 메시지를 공유할 수 있도록 한다. 예를 들어 상대방의 요점에 대해서 들은 것을 자신의 말로 반복하는 표현과 자신의 요약을 확인 또는 명료화하기 위해 질문하는 표현을 보자.

"당신은 어제 친구와 돈 문제로 언쟁이 있었군요. 그래서 기분이 몹시 상했군요."
"당신은 지금 가사 분담을 제의하였지요? 방법은 아직 결정하지 않았군요. 같이 의

논하자는 것인가요?

④ 개방적인 질문하기

개방적인 질문은 보통 "누가, 무엇을 어디에서, 언제 또는 어떻게"라는 어휘로 시작된다. 이는 단답형의 대답이나 반응보다 상대방의 보다 다양한 생각을 이해하고, 상대방으로부터 보다 많은 정보를 얻기 위한 방법으로서 이로 인하여 서로에 대한 이해의 정도를 높이기 위해서다.

예를 들어 다음과 같은 표현을 사용할 수 있겠다.

"이번 주말 여행 계획에 대해 말해주겠어요?"
"직장을 옮기는 것에 대해 어떤 생각을 하고 있어요?"

명확하지 않은 정보와 혼돈된 정보를 명확하게 하기위해서, 인정 또는 사과의 정확성을 검토하기 위해서는 다음과 같은 표현을 사용한다.

"당신, 기운이 없어 보이는군요. 무슨 일이 있어요?"
"당신은 나 때문에 정말 화난 것 같군요. 어떠세요?"

⑤ '왜?'라는 질문 피하기, '왜?'라는 말 삼가기

'왜?'라는 질문은 보통 진술을 가장한 부정적・추궁적・강압적인 표현이므로 사용하지 않는 것이 좋다. 예를 들면 아래의 문장들..

"왜요?", "왜 전화했어요?", "당신은 왜 내가 하라는 대로 하지 않지요?"

학습활동

나의 경청 수준은

문항	거의 그렇지 않다	가끔 그렇다	아주 그렇다
1. 나는 상대방과 눈을 맞추며 대화한다.			
2. 나는 상대방의 외관이나 어투만으로 그 사람의 생각의 가치를 판단한다.			
3. 나는 상대방의 관점에서 메시지를 이해하려고 노력한다.			
4. 나는 전체적인 흐름보다는 세세한 부분에 더 귀 기울인다.			
5. 나는 글 이면에 흐르는 감정이나 사실적인 내용들에 더 귀 기울인다.			
6. 나는 정확히 이해했는지를 파악하기 위해서 질문을 한다.			
7. 나는 끝까지 말을 돌어본 후에 상대방에 대한 판단을 내린다.			
8. 나는 이야기를 들을 때 논리적이고 일관적인지를 평가하며 듣는 경향이 있다.			
9. 나는 이야기를 들을 때 기회가 되면 어떤 이야기를 할 것인지를 생각하면서 듣는다.			
10. 나는 결정적인 발언(혹은 마무리 발언)을 하려고 기다린다.			

채점 및 결과해석

지문 2,4,5,8,9에 대해서는 아주 그렇다는 3점, 가끔 그렇다는 2점, 거의 그렇지 않다는 1점으로 채점하고, 1,3,6,7,10번은 반대로 아주 그렇지 않다가 3점, 가끔 그렇다가 2점, 아주 그렇다가 1점으로 채점한다.

27점 이상은 효과적으로 경청하고 있고, 22 - 26점은 경청 스킬에 대해 개선할 필요가 있고, 21점 이하는 경청 스킬에 대해 공부할 필요가 있다.

출처: Robbins & Hunsaker(2006), pp. 53-54.

학습활동

다음 사례에서 일어나고 있는 고객의 불만을 해소하기 위해서는 어떠한 능력과 방법을 갖추어야 하는지 말해보자.

> 일단 앵무새처럼 미안하다고 반복한다? 전화 상담원이 할 수 있는 말은 그리 많지 않다. 불만을 처리할 때에는 상담원이 처리할 수 있는 부분에 명확한 한계가 있기 때문이다. 할 말이 없다고 해서 미안하다는 말만 계속하는 것은 고객에게 더욱 무책임하게 들린다.
>
> 고객의 말을 자르는 것은 절대 금물이다. 고객의 문제를 파악했다고 해서 중간에 말을 잘라서는 안 된다. 특히 말을 자르고 앞질러 해결책을 제시했는데, 엉뚱한 방안일 수가 있다. 예를 들어, 단순 문의를 하려고 전화한 고객에게 '불만 있으면 처리해주겠다' 는 식으로 응대해서 일을 그르치는 사례가 종종 발생한다.

4. 효과적인 의사소통능력 개발

여러분은 사회생활을 하면서 많은 시간을 직장에서 보낼 것이다. 이것은 삶의 질을 결정할 때 급여와 같은 또다른 조건만큼이나 직장의 정서적 분위기도 중요할 수 있음을 시사한다. 긍정적인 의사소통 분위기가 직업 만족도를 향상시킨다는 많은 연구가 증명되고 있다. 두가지 요인이 지지적인 작업환경과 일관적으로 관련되어 있다. 첫 번째 요인은 칭찬과 격려이다. 직원들은 자신의 일이 인정받을 때 자신을 가치있다고 느낀다. 승진, 급여인상과 보상은 항상 환영이지만, 인정해주는 것이 이런 것들을 꼭 필요로 하는 것은 아니다. 세계적인 심리학자 대니얼 골드먼은 "작은 교환(잘한 일에 대한 칭찬, 좌절 이후에는 지지적인 말 한마디)이 직업에 대한 우리의 감정을 결정한다"고 하였다. 두 번째 요인은 개방적인 대화이다. 개방적인 정책 속에서 피드백을 주고 받고 제안을 하며 우려를 표명할 수 있는 기회가 주어질 때 직원들은 관리자와 동료들에게 고마움을 느낀다.

활기찬 조직을 만들기 위해서는 면대면 대화만큼이나 분위기가 중요하다. 대부분의 접촉이 문서로 이루어질 때, 동료를 다정하게 대할 수 있는 시간을 갖는 것이 매우 중요하다. 한 연구에서, 이메일에 친밀한 첫인사(간단한 "안녕하세요."라도)와 끝인사("감사합니다.", "좋은 하루 보내세요.")를 포함한 회사가 그렇지 않은 회사보다 의욕과 신뢰의 수준이 더 높았다.

모든 관계에는 의사소통 분위기가 있다. 긍정적 분위기의 특징은 존중 지향 메시지인데 이런 메시지는 서로를 중시한다는 점을 확실히 한다. 부정적 분위기는 보통 상대방을 폄하하는 것으로 무관심과 적대심을 전달하는 경향이 있다. 즉, 전달하려는 메시지가 존중 지향적이면 분위기는 긍정적으로 발달할 수 있는 반면 메시지가 폄하 지향적이면 그 관계는 적대적, 냉소적, 방어적이 될 수 있다.

다음은 상호간의 의사소통에 있어서 긍정적 또는 부정적 패턴의 예시이다. 협조적인 말(지지, 책임을 받아들이는 것, 동의 등)은 긍정적인 반응에 기인할 가능성이 높고, 대립적인 행동(비판하기, 적대적인 질문하기, 잘못 묻기 등)은 똑같이 대립적인 반응을 유발할 가능성이 크다. 내가 전달하는 존중메시지가 상대방으로 하여금 더욱 존중하는 태도를 갖도록 하는 것을 명심하면서 살펴보자.

긍정적 상호패턴 예시

예1〉 A: 이 일은 너무 혼란스러워. 아무도 우리가 뭘 해야 하는지 알 수 없을 거야.
B: 나도 이게 얼마나 불확실한지 이해해. 내가 설명해줄게. (타인의 관점 인증하기)

예2〉 A: 이 일 때문에 미치겠어. 이 일은 잠깐 동안만 했어야 해.
곧 다른 일을 찾아야 겠어.
B: 네가 얼마나 그 일을 싫어하는지 알아. 이 일을 빨리 끝낼 수 있는지 생각해 보자.
그럼 너는 일상 업무로 돌아갈 수 있을 거야. (지지)

부정적 상호패턴 예시

예3〉 A: 김부장에게 왜 그렇게 심하게 대하니? 그분은 좋은 상사잖아.
B: 뭐? 그는 내가 본 사람 중에 가장 위선적이야.
A: 너는 아직도 좋은 상사가 뭔지 모르는 구나?
B : 너도 마찬가지야 (반박-반박)

예4〉 A: 네가 여기에 있고 싶다고 해도 상관하지 않아. 나는 지쳤고, 이제 여기에서 나갈거야.
B: 그러고 싶으면 그렇게 해. 하지만 네가 알아서 가.(상호 무관심)

출처: Adler & Russell(2015).

학습활동

다음은 Jack Gibb의 방어유발 의사소통의 한 유형이다. 그는 체면을 세워주는 존중의 메시지를 전달함으로서 부정적인 의사소통 패턴을 줄일수 있다고 하였는데, 그 유형 중의 하나가 "평가 대 기술"이다. 대부분의 사람은 평가적인 표현에 짜증을 느끼고, 그러한 표현이 타인에 대한 배려의 부족에서 나온다고 해석한다. 평가적인 "너" 언어와는 달리 기술은 상대방을 평가하는 자신의 생각과 감정을 초점을 맞춘다. 기술적인 메시지는 종종 "나" 언어로 표현되고, 이것은 "너"언어보다 방어를 덜 유발한다. 다음 대화에서 "너"언어와 "나"언어를 비교해 보고, 사례에 대한 예시를 완성해보자.

평가: 너는 자신이 무슨 말을 하고 있는지도 몰라!
기술: 나는 네가 어떻게 그런 생각을 하게 되었는지 이해가 가지 않아.

[사례①] 평가: 여기 너무 지저분해!

기술: **네가 여기를 치우지 않으면, 내가 치우거나 그냥 더러운채로 살아야해. 그게 내가 화가 나는 이유야.**

[사례②] 평가: 아니, 그건 옳은 방식이 아니야.

기술: **나는 너와 생각이 달라. 네가 원한다면 나에게 효과가 있는 방식을 알려줄게.**

학습활동

다음 사례에서 지각 대장 김대리에게 박과장이 '나' 전달법으로 의사소통한다면 어떻게 말할 수 있을지 생각해보자.

박과장은 머릿속이 복잡하다. 지각을 밥 먹듯 하는 김대리 문제를 어떻게 풀어야 할지 답이 나오지 않기 때문이다. 오늘은 무슨일이 있어도 버릇을 고쳐놔야지 되새기며 20분이나 지각을 해 놓고도 아무일 없다는 듯 업무를 시작하는 김대리를 박과장이 불렀다.

박과장은 최대리에게 "자네처럼 지각을 밥 먹듯 하는 게으른 태도로는 크게 성공하기 힘들어. 무슨 뜻인지 알아? 회사 다니는게 장난이야? 무슨 말만 하면 매일 변명이나 하고 말이야. 다 자넬 위애 이야기하는 거니까 잘 새겨듣게."

(예시안 ①)

자넨 지난 1주일 동안 4일을 출근 시간 20분이 지나 사무실에 도착했어(**사실**). 난 자네의 지각을 다른 팀원들이 어떻게 받아들일지 걱정이 되네(**공감**). 내가 이 말을 하는건 자네가 조직에서 더 많이 발전하려면 룰을 지키려는 태도가 필요하다는 생각에서 하는 말일세(**설득**).

(예시안 ②)

"자네가 지각을 자주하니 우리 팀의 업무 분위기가 헤이해지고 업무 진행에도 차질이 생기네. 업무에 차질이 생기니 팀을 잘 이끌고 성과를 내야하는 팀장인 내 입장도 참 곤란하네. 자네도 다 개인 사정이 있겠지만 ,더 이상 지각을 하지 말아주었으면 하네. 인사고과에 반영되어 불이익을 받는건 자네나 자네를 위하는 나나 모두 원하지 않는것 아닌가? 혹시 자네 말 못할 사정이라도 있는가? 그렇다면 한 번 속시원히 말해보게"

(예시안 ③)

"나는 최대리가 오늘도 지각을 해서 걱정이 되네. 전날에 잠을 못잔건지, 자주 아픈건지, 무슨 이유라도 있는건지 말이네. 앞으로는 지각을 하지 않았으면 좋겠네. 최대리의 회사생활이 개인의 의무를 넘어 팀전체의 사기와도 연결되니 조금만 신경 써서 출근시간을 지켜주었으면 좋겠네."

제9장

문제해결을 위한 의사표현능력

1. 의사표현의 개념과 중요성

의사표현이란 한마디로 말하기이다. 즉, 말하는 이가 자신의 생각과 감정을 듣는 이에게 음성 언어나 신체언어로 표현하는 행위이다. 의사표현에는 음성언어와 신체언어가 있는데, 음성언어는 입말로 표현하는 구어이고, 신체언어는 신체의 한 부분인 표정, 손짓, 발짓, 몸짓 따위로 표현하는 몸말을 의미한다. '말'이 우리 생활이 미치는 영향이 매우 크기 때문에 제대로 말을 하는 방법에 대한 노력이 그만큼 커지고 있는 것이다.

의사표현은 의사소통의 중요한 수단으로 특히, 말하는 이의 의도 또는 목적을 가지고 그 목적을 달성하는데 효과가 있다고 생각하는 말하기를 의미한다. 의사소통의 중요한 수단인 말하기가 사용되는 예를 들면 다음과 같다. 첫째, 말하는 이가 듣는 이에게 어떤 영향을 미치기 위하여 주장하는 것이다. 즉 말하는 이는 듣는 이의 생각을 변화시키려는 의도로 주장하는 것이다. 둘째, 필요한 정보를 제공받기 위하여 질문하는 것이다. 셋째, 어떤 일을 해주도록 요청할 때 하는 것이다.

의사표현의 종류는 상황이나 사태와 관련하여 공식적 말하기, 의례적 말하기, 친교적 말하기로 구분하며, 구체적으로 대화, 토론, 보고, 연설, 인터뷰, 낭독, 구연, 소개하기, 전화로 말하기, 안내하는 말하기 등이 있다.

첫째, 공식적 말하기는 사전에 준비된 내용을 대중을 상대로 하여 말하는 것이다. 공식적 말하기에는 연설, 토의, 토론 등이 있는데, 연설은 말하는 이 혼자 여러 사람을 대상으로 자기의 사상이나 감정에 관하여 일방적으로 말하는 방식이고, 토의는 여러 사람이 모여서 공통의 문제에 대하여 가장 좋은 해답을 얻기 위해 협의하는 말하기이다. 토론은 어떤 논제에 관하여 찬성자와 반대자가 각기 논리적인 근거를 발표하고, 상대방의 논거가 부당하다는 것을 명백하게 하는 말하기이다.

둘째, 의례적 말하기는 정치적 문화적 행사에서와 같이 의례 절차에 따라 하는 말하기이다. 예를 들어 식사, 주례, 회의 등이 있다.

셋째, 친교적 말하기는 매우 친근한 사람들 사이에 가장 자연스런 상태에 떠오르는 대로 주고받는 말하기이다.

누구나 시인이나 작가가 아니더라도 말을 할 때에, 영상언어를 사용해야 상대가 잘 기억한다는 것은 알고 있을 것이다. 마치 그림을 그리듯이 언어를 이용해서 이미지를 만들어내면, 그 미학적 효과로 인해서 그 말은 살아 있고 좀 더 역동적으로 상대방에게 전달된다는 것이다. 그러나 우리의 말에는 그보다 더한 힘이 감추어져 있다.

화룡점정(畵龍點睛)처럼 언어로 그리는 이미지로 인해서 우리의 이미지가 형상화될 수 있다. 즉, 우리가 자주 하는 그 말로써 우리의 이미지가 결정된다는 것이다. 말로 먹고사는 직업을 택한 사람이 아닐지라도, 자신의 운명을 말과 더불어 하게 된다. 우울증에 걸려서 자살한 사람들의 특징을 아는가? 그들은 말끝마다 '죽고 싶다'를 연발한다. 죽고 싶은 생각이 들어서 우울증에 걸렸는지, 혹은 우울증에 걸려서 죽고 싶은 것인지는 전문가의 견해에 따라야 하겠지만, 문제는 그가 죽고 싶다는 생각을 계속적으로 내비치는 것에 있다. 죽고 싶다는 말을 통해서, 실상 살고 싶다는 마음속의 인간 본연의 바람이 사라져버리고, 그의 사고를 착각하게 만들고 그의 마음을 병들게 하여 자살하는 것이다.

일반적으로 사람을 판단하는 데에 얼굴을 주로 본다. 그런데 관상가들의 말에 의하면, 관상이라는 것이 그 사람이 어떻게 어떤 마음으로 살아왔는냐에 따라서 조금씩 변한다고 한다. 인색하게 재물만 모을 것 같은 관상도 남에게 베풀고 선행에 앞장서는 행동을 여러 해 동안 하다보면, 후덕하고 온화한 상으로 변한다는 것이다. 그렇다면 우리도 말을 통하여 이미지를 바꾸는 것이 가능할 것이다.

학습활동

나의 메시지 전달 수준은 어떠한가?

문항	거의 그렇지 않다	가끔 그렇다	아주 그렇다
1. 기술적인 언어나 전문용어를 사용한다.			
2. 나의 메시지가 내 행동과 일치한다고 믿는다.			
3. 상황에 대한 정보나 세부사항에 관하여 알려주는 데 시간을 낭비하지 않는다.			
4. 감정을 표현해야 할 때 나는 '난 말이야…', '내 기분은…' 같은 인칭대명사를 사용한다.			
5. 이야기를 시작하자마자 바로 내 동기에 관하여 털어놓는다.			
6. 사람들에게 진지하게 보이기 위해 친근하거나 다정해 보이지 않게 조심한다.			
7. 혼란을 야기하지 않도록 여러 경로를 통한 의사소통을 하지 않는다.			
8. 내가 전달하고자 하는 메시지를 어느 정도 이해했는가를 상대방에게 되묻는다.			
9. 아무리 복잡하고 어떤 개인적인 상황에 처해있더라도 나는 솔직하게 군다.			
10. 바보처럼 보이지 않기 위해 몰라도 아는 척을 한다.			

채점 및 결과해석

지문 2,4,5,8,9에 대해서는 아주 그렇다는 3점, 가끔 그렇다는 2점, 거의 그렇지 않다는 1점으로 채점하고, 1,3,6,7,10번은 반대로 아주 그렇지 않다가 3점, 가끔 그렇다가 2점, 아주 그렇다가 1점으로 채점한다.

26점 이상은 효과적으로 메시지 전달을 하고 있고, 21 - 24점은 메시지 전달에 대해 개선할 필요가 있고, 20점 이하는 메시지 전달에 대해 공부할 필요가 있다.

출처: Robbins & Hunsaker(2006), pp. 41-42.

2. 설득력 있는 의사표현 기법

직장이나 학교, 일상생활의 어느 곳에서나 프레젠테이션 형태의 의사전달이 이루어지고 있다. 오늘날 기업 활동에서는 많은 자료를 만들고 정보를 공유하는 것도 중요하지만, 일어한 정보와 자료들을 고객이나 관련된 사람들에게 자신의 의견을 보다 효과적으로 전달하는 것이 무엇보다 중요하다. 특히 비즈니스 관점에서 업무와 관련된 사람들에게 효과적으로 의견을 전달하느냐는 그 기업의 성과를 좌우한다고 할 수 있다. 최근에는 직원채용 시부터 발표 면접을 시행하는 회사가 많아 신입사원들의 프레젠테이션 능력을 중요시 여기는 추세이며 사원들 역시 이에 많은 노력을 쏟고 있다.

프레젠테이션이란 자신의 생각이나 의견을 사전에 합의된 시간 내에 정해진 장소에서 원하는 목적을 정확히 전달하려는 의사전달 수단이며, 청중으로 하여금 판단 또는 의사결정을 보다 쉽게 할 수 있도록 하는 의사표현 수단이라고 할 수 있다. 이러한 프레젠테이션 능력은 기업홍보, 교육훈련, 세미나, 회의 등 많은 곳에서 필요로 하고 일상생활에서의 경험과 연습을 통해 자신만의 차별화된 프레젠테이션 기법을 익혀두는 것이 필요하다.

학습활동

다음 사례를 통해 방송인 김제동이 청중들과 소통하는데 있어 설득력을 가지는 이유를 설명해보자.

> 방송인 김제동이 어느 프로그램에서 이런 이야기를 한 적이 있다.
>
> "저는 일대일로 하는 토크는 어려운데 신기하게도 마이크만 잡으면 몇백 명, 몇천 명이 앞에 있어도 전혀 두렵지 않습니다."
>
> 그의 이력을 살펴보면, 대구 시민 운동장과 야구장 장내 아나운서, 레크레이션 강사, 대학교 행사 진행자 등 수많은 사람들 앞에서 쌓은 경험이 지금의 그를 만든 바탕이었다. 하지만 경험이 많다고 누구나 프레젠테이션을 잘 하는 것은 아니다. 그가 밝힌 진행의 비결은 간단하다. 자신이 사회를 보는 행사로 참가한 사람들의 성향에 관심을 갖고 그들에게 익숙한 주제로 이야기를 풀어가는 것이다. 대학교 행사 진행을 예로 들면, 의대 학생을 상대로 할 때는 간단한 의학 용어를 사용하고, 법대 행사에서는 몇가지 법률 용어를 외워두었다가 진행 도중 써먹는다고 한다. 그러면 참석자들은 '저 사람이 우리에게 관심을 갖고 있구나'라고 느낀다는 것이다.
>
> 많은 사람들이 대중 앞에서 이야기할 때 놓치는 부분이 바로 이것이다. 내용만 전달하느랴 정작 '관계'를 놓쳐버리는 것이다. 심리학자들은 '저 사람이랑 내가 비슷하구나' 라고 생각하게 만드는 유사성만큼 설득력을 높이는 것은 없다고 말한다. 또한 진화생물학자인 리처드 도킨스 옥수퍼드대 교수는 '이기적 유전자'라는 개념을 설명하면서 인간을 비롯한 모든 동물은 자기 보존 본능을 지녔기 때문에 자신과 유전자가 같은 대상을 돕는 이기적인 모습을 보인다고 하였다.

아무리 사소한 것이라도 발표를 들을 청중과 자신의 공통점을 찾는 작업이 필요하다. 사용하는 단어를 '그들의 용어' 에 맞추는 것처럼 쉬운 방법도 있고, 과거 비즈니스 경험에서 유사성을 찾아볼 수도 있다. 아무리 찾아보아도 공통점을 발견할 수 없다면 지향하는 미래가 같다는 것, 곧 하나의 목표를 함께 추구한다는 사실을 강조한다면 성공적인 의사표현이 될 것이다. 예를 들면, 불편한 동료사이이거나 경쟁을 앞다투는 거래처 담당자라 할지라도 '힘겨운 사회생활을 버텨낸다'는 공통점이 있지 않는가?

회사의 업무는 보고의 연속이다. 보고서 작성 능력은 같은 직장에서 근무하는 사람들의 의사소통의 수단이 될 수도 있고, 자신의 업무능력을 평가받을 수 있는 잣대가 될 수도 있다. 조직내에서 가장 많이 작성하는 보고서 중의 하나는 이메일이다. 내용전달과 효율적인 의사결정을 위해서 이메일을 이해하기 쉽도록 작성하는 것도 업무효율을 높이는데 매우 중요하다. 그리고 이메일 보고내용의 문장표현에 있어서도 핵심내용이 효과적으로 전달되어 그것을 토대로 상사의 효율적인 의사결정을 도울 수 있도록 작성하는 방법에 대해 살펴보자(김달원, 2016).

가. 이메일 의사표현 방법

다음 예시를 통해 살펴보면 메일의 내용이 도입부-본문-결론으로 3단 논법으로 전개해야 한다. 먼저, 도입부는 짧은 인사말과 함께 무엇에 대해 말할 것인가를 언급한다. 다음으로 본문에서 알려야할 말은 상사가 이해하기 쉽도록 일목요연하게 작성해야 한다. 두괄식으로 작성할 것을 권장하며 작성자가 말하고자 하는 핵심(결론, 주장, 의견, 시사점 등)을 먼저 생각하는 습관이 중요하다. 필요한 경우 중요단어에 밑줄서식 또는 굵은 서식 모양을 추가할 수 있다. 마지막으로 결론부분에는 향후계획, 의사결정 요청 또는 협조요청, 발신자의 성명, 소속, 연락처 등을 작성해서 마무리한다. 이때 핵심사안에 대해서 간략하게 재언급해도 좋다. 그리고 급한 연락이나 중요한 내용의 이메일을 보낼 때에는 전화를 걸어 확인하는 것이 좋다.

이렇게 디지털 직무환경에서 이메일과 SNS는 직장인이 업무를 볼 때 필수적으로 사용하는 소통 수단이 되었다. 이메일은 쉽고 간편하지만 지켜야 할 에티켓이 있다. 한번 발송한 이메일은 취소할 수 없고 나의 인격을 나타내는 지표가 되기 때문이다. 메일 발송 전 공적인 이메일임을 다시 한 번 상기하며 주의할 점을 살펴보면 다음과 같다.

① 제목 작성

직장에서 메일을 확인할 때 가장 먼저 눈에 띄는 것은 이메일의 제목이다. 메일 제목을 작성할 때에는 발신자가 아닌 수신자의 입장에서 간단하고 핵심적인 키워드로 작성한다. 제목을 통해 메일 내용의 중요도를 살필 수 있으므로 메일 내용을 쉽게 파악할 수 있도록 대괄호 특수문자([]) 등을 활용하여 '[긴급 요청]', '[보고서]'와 같이 메일의 종류를 간략하게 알릴 수도 있다.

② 수신인 및 참조자의 구분

수신인 및 참조인 선정과 구분을 명확히 한다. 수신인은 해당 메일에 대한 회신 및 업무 관련 책임을 가진 자이며, 참조자는 이메일 내용을 업무상 파악하고 있어야 하는 대상자를 말한다. 대체로 참조자 보다는 수신자가 메일에 대한 회신을 하게 된다.

③ 메일 내용

글이 서론-본론-결론의 형태로 흘러가는 것처럼, 이메일도 마찬가지이다. 다만 메일은 오프라인 보고서와 달리 온라인 상황에서 많은 내용을 정독하는 것이 사실상 어렵기 때문에 내용은 간단명료하게 핵심을 요약해서 작성한다. 기일이 정해진 회신 요구시에는 마지막 부분에 기한을 꼭 명시하고 강조할 필요가 있다. 그리고 신규 메일 작성이 아닌 수신 받은 메일을 중간 전달할 경우에는 단순히 '아래 내용 확인하세요' 라는 전달을 피하고, 아래 내용을 재요약하고 추가할 만한 정보가 있다면 덧붙여서 보낸다. 사적인 내용이나 이름이 언급된 경우 등 꼭 필요한 정보가 아니면 중간 전달의 경우 삭제 후 전달한다.

④ 파일 첨부

파일을 첨부할 경우 파일명 역시 수신자의 입장에서 한 눈에 정보를 알아 볼 수 있도록 요약해 파일명을 작성한다. 이메일 중간 전달의 경우에는 수신자에게 불필요한 첨부 파일은 삭제 후 전달한다.

⑤ 서명 삽입

메일 속 서명은 메일의 출처를 정확히 알 수 있고, 메일을 보낸 발신자가 어느 소속, 누구인지, 연락처 등을 확인할 수 있는 중요한 역할을 한다. 그러므로 메일을 보낼 시에는 직장 로고, 직장명, 부서명, 직함, 이름, 사내번호 등을 정확하게 기재하여 상대방과 신속하게 피드백을 주고받을 수 있도록 한다.

결국 이메일 에티켓의 핵심은 수신자의 입장에서 핵심적이고 간단한 내용으로 꼭 필요한 사람에게만 전달하는 것이다. 이메일은 업무를 수행하는 데 있어 가장 중요한 수단인 만큼, 사전 협의가 필요하거나 경우에 따라서는 이메일 전송 후 유선을 통한 수신 확인 및 내용에 대한 추가 설명이 이루어진다면 원활한 의사소통과 동료 간의 협업을 증진시키는데 도움이 될 것이다.

발신: 보고자
수신: 지원팀장

제목: 워크숍 준비사항 진행경과 보고

도입부

팀장님 권주임입니다.
워크숍 진행경과에 대해 말씀 드리고자 합니다.

본문

말씀드릴 내용은 2가지 입니다.

1. (소요예산) 총 소요비용은 140만원으로 예상됩니다.
    - 숙박비 85만원, 식비 55만원
    - 인당 5만원

2. (팀별 발표자료) 2개 팀이 발표자료를 제출하였습니다.
    - 미제출 팀: 인사팀, 총무팀
    - 월말이라 바쁜듯 합니다. 내일까지 제출키로 하였습니다.

결론

내일까지 준비 마무리될 수 있도록 사전체크 하겠습니다.
감사합니다.

홍보팀 권OO 드림
(☎555-1234/010-333-1234)

[그림] 이메일 업무보고(의사표현) 예시

나. 내용 전달력을 높이는 문장표현 방법

문장을 표현하는 방법에는 서술식과 개조식(글을 쓸 때 앞에 번호를 붙여가며 짧게 끊어서 중요한 요점이나 단어는 나열하는 방식)이 있다. 조직에서 흔히 단문으로 표현하는 개조식을 강조하고 있는데 모든 글쓰기에서 서술식을 사용하면 안된다는 의미는 아니다. 특히 업무보고에서 전달내용이 명확하고 빠른 핵심내용 파악을 위해서는 개조식으로 작성하는 것이 좋다. 아래 예시는 서술식과 개조식 스타일의 안내문을 비교한 것이다. 이러한 개조식의 장점을 살펴보면 첫째, 개조식은 서술식 안내문에 비해 한눈에 내용의 전체를 파악할 수 있다. 둘째, 요점이 무엇인지 빨리 파악할 수 있어 의미전달이 빠르고 분명하다. 셋째, 안내문을 보는 대상이 관심사항만 찾아서 읽을 수 있다. 또한, 다시 확인하고 싶은 부분을 쉽게 찾을 수 있다. 넷째, 빠진 항목이나 내용이 없는지 쉽게 검토할 수 있다.

서술식

- 안내문 -

승차권 자동발매시 사용에 관한 안내 말씀드리겠습니다.
서울특별시 9호선(09년 5월) 및 경의선(09년 6월) 전철개통시 종이승차권은 폐지되고, 교통카드 시스템을 일원화됨에 따라 코레일에서는 타 운송기관과의 호환사용을 위하여 역에 설치된 자동발매기 일체를 교통카드전용으로 개량하게 됩니다.
개량공사 중에는 승차권 자동발매기 사용이 불가하오니 이점 양지하여 주시고, 매표창구를 이용하여 주시기 바랍니다.

이용에 불편을 드려서 대단히 죄송합니다.

개조식

- 안내문 -

- 제목: 승차권 자동발매시 일시 사용중지 안내
- 사유: 타 운송기관의 승차원 호환사용을 위해 코레일 자동발매기 개량공사 실시
  서울특별시 9호선 및 경의선 개통시 승차권 사용방식 일원화 계획
  (공사 前: 종이승차권 → 공사 後: 교통카드)
- 공사기간: O월 O일 ~ O월 O일 까지
- 이용방법: 매표창구 이용 바람

불편을 끼쳐드려 죄송합니다.
2호선 □ □역장 백

[그림] 서술식과 개조식 비교 예시

간결한 개조식 작성 방법을 살펴보면, 첫째, 전체 내용 중에서 중요하여 핵심적인 요소(키워드)를 선택한다. 군더더기 내용(비핵심적인 내용, 불필요한 수식어 등)을 없애고 불필요한 수식어를 절제해야 하기 때문이다. 선택한 키워드를 활용하여 문맥흐름에 맞게 구성하되 내용을 길게 풀어서 표현하지 않고 조목별, 항목별로 표현한다. 보고서를 쓸 때에는 약간의 수식어를 활용하여 좀 풀어서 작성하는 경향이 있다. 이를 서술형 개조식이라고 하고 내용 전달의 목적이나 상황에 따라 순수한 개조식과 서술형 개조식을 적절히 사용하는 요령이 필요하다.

서술식

우리 회사의 매출은 매년 15% 이상 성장하고 있으며, 시장 점유율은 최근 3년간 2배 성장하여 28%를 나타내고 있다. 게다가 고객만족도는 5점 만점기준에 4.8점으로 업계에서는 가장 우수한 수준이며, 복리후생도 국내 최고수준으로 우리 회사뿐만 아니라 외부에서도 인정하고 있다.

개조식

- 매출 성장률: 매년 15% 이상
- 시장 점유율: 28%(최근 3년간 2배 성장)
- 고객만족도: 4.8점(5점 만점)
- 복리후생: 국내 최고수준

서술형 개조식

- 매출 성장률은 15% 이상이며 시장 점유율은 최근 3년간 2배 성장한 28%임
- 고객만족도는 업계 최고인 4.8점(5점 만점)이며 복리후생은 국내 최고 수준임

[그림] 개조식과 서술형 개조식 작성 예시

종합하기

1. 팀내 의사소통에서 온라인 상황에서 적합한 사례와 오프라인 즉, 면대면에서 적합한 사례, 그리고 온, 오프라인 둘 상황에서 이루어져야할 사례를 제시해보자.

2. 1번 답안으로 제시한 온, 오프라인 둘 상황에서 이루어져야할 사례를 가지고, 조직 내에서 면대면으로 이루어지는 의사소통과 온라인으로 이루어지는 의사소통의 장단점에 대해 분석해보고 적절한 의사소통방법의 대안을 제시해보자.

3. 다음 사례를 읽고 이씨의 문제상황을 육하기법(5W1H)으로 분석해보고 문제해결을 위한 의사소통방법의 대안을 제시해보자.

> 중소기업 K무역회사에 다니는 대리 이모(36)씨는 미국에서 밤이나 새벽에 물건이나 입금 접수건이 바로 요청되면 처리해야 하기 때문에 일주일에 서너 번은 꼭 잠에서 깬다. 그러나 최근 신입 담당 실무자에게 업무처리를 위해 새벽에 전화를 걸거나 메시지를 보내면 답이 늦는 경우가 허다해 불만이다. 마음이 급한 대로 새벽 근무를 직접 처리하게 된 지 4개월째. 후임이 연락을 받지 않으면 모든 매출 책임을 직접 져야 한다. 이 씨 입장에선 피 마르는 일이 아닐 수 없다.

4. H기업은 연령별을 고려한 기획 상품을 판매하고 있고 이를 위해 각각 담당 부서가 있다. 그 기업에 어떤 주문이 들어왔다. 또한 노인, 중년 여성, 여대생으로부터 상품 결함이나 디자인 불만에 대한 고객불만이 접수되었다. 이때 여러분이 고객서비스 담당자이며 출장 중이라면 관련 주문 정보와 고객불만에 대한 처리를 위해 누구와 어떤 방식으로 의사소통할 것인지 생각해보자.

5. 다음에서 제시된 내용을 토대로 '사내 아이디어 공모전' 결과에 대한 안내문을 전체 직원에게 이메일로 발송하고자 한다. 이때 수신자는 총무팀 김대리라고 가정하고 메일내용을 작성하되, 필요한 경우 첨부파일, 시상일정 등 임의로 내용을 추가해서 완성해보자.

사내 아이디어 공모전

당사에서는 사원들의 사기 진작과 미래 신규 사업을 개발하기 위한 아이템 발굴을 위해 2016년 상반기 전사 아이디어 공모전 및 표창식을 진행할 예정이다.

이번 행사는 회사발전 및 신사업 발굴에 대한 참신한 아이디어를 받아 진행하였으며, 많은 임직원들의 참여 속에 성공적으로 마칠 수 있었다. 최종 선정된 14건의 아이디어는 해당 사원들의 프레젠테이션 평가를 통해 대상(1명), 최우수상(2명), 우수상(3명)에 대한 시상을 진행할 예정이다. 대상에는 영업부 1팀의 최강자 대리의 아이디어가 영예의 대상작으로 선정되었다.

이번 사내아이디어 공모전을 통해 새롭고 참신한 아이디어를 발굴 할 수 있는 좋은 기회였다고 자체 평가하고 있으며, 앞으로는 지속적인 아이디어 공모전(분기별)을 통해 전 임직원들의 소속감 고취와 미래 당사 사업화 전략 수립 및 아이템 발굴에 큰 밑거름으로 삼을 수 있도록 발전시켜 나갈 예정이다.

제 4 부

문제해결을 위한 정보 및 수리능력

제 10 장

문제해결을 위한 정보능력

1. 문제와 관련된 정보수집

직장인으로서 업무를 수행하는데 있어 목적에 적합한 정보를 수집하는 것은 무엇보다도 중요한 일이다. 목적에 적합한 정보를 수집한다는 것은 문제와 관련 있는 정보에 초점을 맞춘다는 의미일 것이다. 우리는 무엇을 위해 정보를 수집하는지, 정보를 수집함으로써 얻을 수 있는 결과는 무엇인지를 명확히 설정해야만 효율적으로 정보를 수집할 수있을 것이다.

일반적으로 보고서 작성에 있어서 정보, 자료, 아이디어 수집활동은 매우 중요하다. 아무리 논리의 흐름을 잘 잡아도 자료가 없으면 보고서를 구체화하고 완성할 수 없기 때문이다. 정보, 자료, 아이디어 수집은 모든 단계에서 진행될 수 있지만 보고서 작성에 있어 초기단계에서 필요한 작업이다.

정보수집에 있어 가장 효과적인 방법은 메모한 것을 리스트업(list up)하는 것에서부터 출발한다. 머릿속만으로 생각하려고 하면 정보가 넘쳐흘러 정리가 잘 되지 않거나 효과적으로 정보를 끌어내지 못해 쓸 내용이 잘 떠오르지 않는다. 이럴 때 직접 글로 메모를 적어보면 어떤 식으로 뒤죽박죽되어 있는지, 어떤 정보가 필요하고 그렇지 않은지 눈으로 보고 파악할 수 있으며 정보의 선별도 쉬워진다.

다음은 문제해결형 과제에 대한 질문형 아이디어 메모의 예시이다. Q1부터 Q5에 해당하는 질문은 문제해결형 과제에 대한 공통적인 질문 유형이고 그 외 해당주제에 대한 세부적인 질문 유형들이 있을 수 있다.

> Q1. 왜 향상방안을 마련해야 하는가? 현재 청년실업률은 어느 정도인가? (현황 및 검토배경)
> Q2. 왜 증가하고 있는가? 그 이유는? (문제점, 주요원인)
> Q3. 어떻게 하면 해결되는가?(추진과제, 대책, 해결방안)
> Q4. 비용은 얼마나 드는가?(소요예산)
> Q5. 방안을 추진하기 위해 앞으로의 계획은?(향후계획, 협조사항, 기대효과)
> Q6. 시민들이 불편하다고 하는 구체적인 내용이나 사례는?
> Q7. 고객들이 만족도가 낮다고 말하는 구체적인 근거나 내용은 무엇인가?
> Q8. 고객들이 선호하는 시설의 편의성은 무엇인가? 어떤 편의시설을 보완하면 좋을 것인가?

이러한 아이디어 메모를 바탕으로 정보 및 자료 수집을 위한 4단계 절차는 다음과 같다. 첫째, 수집해야할 정보, 자료, 아이디어를 리스트업(list up)한다. 둘째, 수집해야할 정보, 자료, 아이디어가 어디에 있을지를 정한다. 셋째, 수집해야할 정보, 자료, 아이디어를 어떤 방법으로 수집할 것인가를 결정한다. 마지막으로, 정보, 자료 아이디어 수집활동을 진행한다.

필요한 자료나 정보가 무엇인지를 정리했으면 수집활동을 진행해야 한다. 자료 및 정보는 어떤 방법으로 수집할 수 있는지 알아보면, 조직 내부의 해당 부서나 담당자를 찾아가서 자료를 요청하는 경우도 있을 것이고, 필요한 자료분야에 대해 전담하는 외부 전문기관에 자료를 의료하는 방법도 있다. 또한 자료의 대상자를 직접 찾아가서 물어보는 방법도 있다.

학습활동

다음 사례의 문제해결을 위해 필요한 자료를 수집하고자 한다. 자료를 수집하기 위한 리스트업 작성과 자료수집 방법에 대해 토론해보자.

> 프랜차이즈 회사의 본부장 A씨는 고객의 소리에 접수된 음식점 이용관련 민원을 분석하고 고객의 불만사항을 해소하기 위한 대책을 마련하고자 한다. 건의된 주요 불만 사례는 다음과 같다.
>
> - 지역 맛집으로 소문난 곳에 찾아가 생선구이를 먹는데, 생선살에서 이상한 것이 보여 인터넷으로 찾아보니 회충이라 비위가 너무 상했음
> - 물 잔에는 립스틱 자국, 물수건에는 검은 때가 선명하게 있어 모범음식점이 이렇게 비위생적이어도 되나 싶었음
> - 안내판의 QR코드 검색을 통해 음식점을 찾아갔더니, 안내에 나와 있던 메뉴는 전혀 없어 메뉴정정을 요청하니 지자체에서 고치지 않았다며 화를 냈음
> - 정식은 인당 5만원으로 너무 비싸 개별 메뉴를 주문했더니 태도가 돌변하여 퉁명스럽게 대하고, 반찬도 거의 던지듯이 줘서 매우 기분이 상했음

우리는 흔히 필요한 정보를 수집할 수 있는 원천을 정보원(sources)이라 부른다. 정보원(sources)은 정보를 수집하는 사람의 입장에서 볼 때 공개된 것은 물론이고 비공개된 것도 포함되며 수집자의 주위에 있는 유형의 객체 가운데서 발생시키는 모든 것이 정보원이라 할 수 있다.

이러한 정보원은 크게 1차 자료와 2차 자료로 구분할 수 있다. 1차 자료는 원래의 연구성과가 기록된 자료를 의미한다. 1차 자료의 예로는 단행본, 학술지와 학술지 논문, 학술회의자료, 연구보고서, 학위논문, 특허정보, 표준 및 규격자료, 레터, 출판 전 배포자료, 신문, 잡지, 웹 정보자원, 관찰이나 인터뷰 데이터, 실험데이터, 통계자료 등 다양한 데이터 등이 있다. 2차 자료는 1차 자료를 효과적으로 찾아보기 위한 자료 혹은 1차 자료에 포함되어 있는 정보를 압축정리해서 읽기 쉬운 형태로 제공

하는 자료를 의미한다. 2차 자료의 예로는 사전, 백과사전, 편람, 연감, 서지데이터베이스 등이 있다. 이와 같은 정보원을 구축하기 위해서는 우선 입수해야 할 정보와 그 정보의 소스(정보원)을 결합하여 필요정보에 결합되는 정보원이 없을 경우 최우선적으로 결합되는 정보원을 찾아내야 한다. 정보원은 가급적 전문가나 이해당사자를 대상으로 하는 것이 좋으며, 구축되는 정보원은 정기적으로 관리하는 것이 중요하다. 특히 중요한 정보원에 대해서는 별도로 관리하는 것이 필요하다.

한 주제나 문제 상황에 대하여 필요한 정보를 찾아 활용하고 나면 다시 그 정보를 이용할 경우가 없는 경우도 있겠지만 대부분 같은 정보를 다시 이용할 필요가 발생하게 된다. 특히 직장인처럼 특정 업무 분야가 정해져 있다면 특정 주제 분야의 정보를 지속적으로 이용하게 될 것이다. 따라서 한번 이용했던 정보를 이용한 후에 버리는 것이 아니라 정보관리를 잘 하는 것은 문제해결 및 새로운 지식 생산능력에 큰 영향을 미친다. 같은 정보를 필요할 때마다 찾고, 또 찾는다면 정보를 찾는데 드는 시간과 노력은 낭비이며 정보를 찾는 시간만큼 뒤처지기 때문이다. 따라서 필요한 정보를 찾는 가장 효과적인 방법은 먼저 그 정보가 자신한테 있는 정보인지 확인하고 시작하는 것이다. 그러자면 자신한테 있는 정보를 체계적으로 관리해두어야 한다. 따라서 어떤 정보를 언제 어떤 이유로 소장하게 되었는지 기록해두거나 분류해두는 것이 매우 중요하다.

학습활동

기업 업무환경이 스마트기기의 보급으로 인해 언제 어디서나 업무처리에 필요한 정보를 수집하고 관리할 수 있는 근무조건으로 바뀌었다. 스마트해진 업무환경 때문에 시간과 장소에 상관없이 어디서든 자료를 주고받는 업무의 효율성은 높아졌지만 필요한 자료를 수집하고 관리하는 것이 쉽지만은 않다. 자료수집에는 북마크를 활용한 자주 찾는 사이트 지정과 관심분야가 같은 그룹 내에서 전자우편으로 공통 관심의 정보나 메시지를 교환하는 서비스인 메일링리스트를 이용하는 것이 일반적이다. 하지만 검색을 하지 않고 자료를 메일이나 클라우드 서비스에 바로 저장하는 방법이 있다. 그것은 '구글알리미' 서비스로 필요한 자료를 찾기 위해 인터넷 서핑하는 시간을 줄여줄 뿐 아니라 관심분야의 정보를 실시간으로 메일로 전송해주는 맞춤형 정보수집 방법이다.

구글알리미는 https://www.google.co.kr/alerts 의 주소로 들어가서 로그인한다. 검색창에 관심주제에 해당되는 키워드를 입력하고 옵션기능에 수신빈도, 출처, 한국어, 지역, 개수, 수신위치를 확인하고 알림만들기 버튼을 클릭하여 키워드를 등록시킨다. 그 결과는 수신 위치로 설정한 메일계정에서 확인할 수 있다.

[그림] 구글 알리미 설정화면 예시

구글알리미가 등록된 키워드를 검색하여 메일로 보내주는 서비스라면 피들리(http://feedly.com)는 등록한 웹사이트나 뉴스, 블로그, 북마크한 사이트에 새로운 글이나 사진, 소식이 업로드 될 때마다 한 곳에서 피드를 구독해보는 것이다. 그러면 북마크된 사이트에 일일이 접속하지 않고도 사이트나 블로그에 새로운 기사가 올라올 때마다 자동으로 피들리에게 알려준다. 이외에도 정보수집에 도움이 되는 앱(어플)이나 방법에 대해 소개해보자.

2. 문제원인에 대한 정보분석

업무를 수행하는데 정보를 산더미처럼 수집하였다고 해서 그것이 모두 의미 있는 것은 아니다. 수많은 정보 가운데 필요한 부분을 분석해서 목적에 맞도록 가공하여야 의미있는 결론을 도출할 수 있다.

정보분석이란 여러 정보를 상호관련지어 새로운 정보를 생성해내는 활동이다. 정보를 분석함으로서 한 개의 정보로써 불분명한 사항을 다른 정보로써 명백히 할 수 있으며, 서로 상반되거나 큰 차이가 있는 정보의 내용을 판단해서 새로운 해석을 할 수도 있다. 일반적인 정보분석의 절차는 다음과 같다.

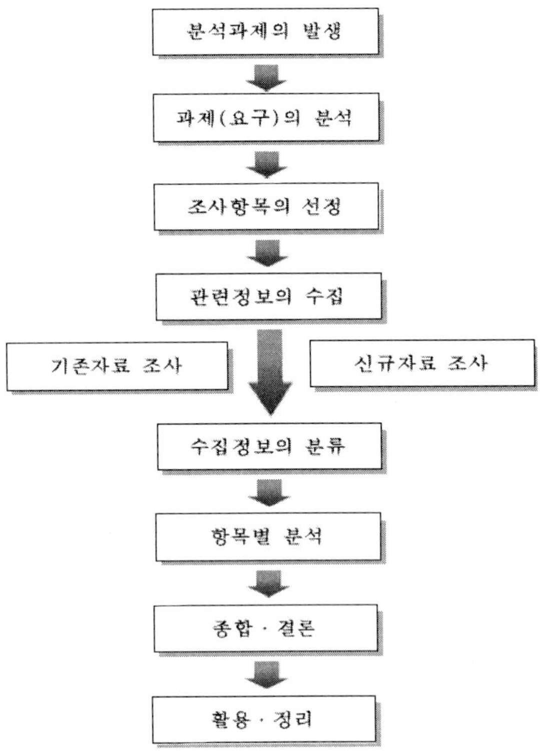

[그림] 일반적인 정보분석의 절차

이와 함께 훌륭한 정보분석의 의미를 정확하게 이해하는 것도 매우 중요하다. 좋은 데이터가 있어도 그것을 평범한 것으로 바꾸는 것만으로는 훌륭한 분석이라고 할 수 없다. 훌륭한 분석이란 하나의 메커니즘을 그려낼 수 있고, 동향, 미래를 예측할 수 있는 것이어야 한다. 그러나 반드시 고도의 수학적 기법을 요구하는 것만은 아니다. 이렇게 1차 정보를 분석하고 압축·가공하여 2차 정보를 작성하게 된다. 먼저 1차 정보가 포함하는 내용을 몇 개의 설정된 카테고리로 분석하여 각 카테고리의 상관관계를 확정한다. 그리고 1차 정보가 포함하는 주요 개념을 대표하는 용어(key word)를 추출하며, 이를 간결하게 서열화 및 구조화하여야 한다.

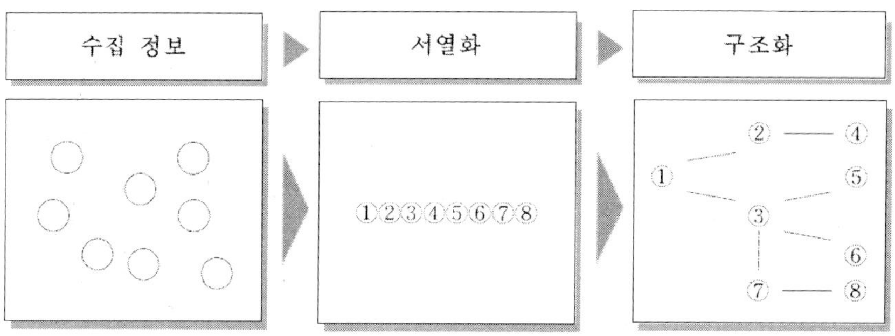

[그림] 정보분석 방법의 예

학습활동

정보수집 사례에서 살펴본 '음식점이용 관련 고객불만 해소 방안' 프로젝트에 대한 원인을 분석해보자.

3. 문제해결을 위한 정보처리

생산 현장이 아닌 사무실에서도 문제의 근본 원인을 규명할 필요가 있는 상황은 자주 발생한다. 그러나 실제로 일을 진행하면서 실감하는 것은 "왜?" 보다도 "어떻게 할까?"를 생각하는 경우가 압도적으로 많다는 사실이다. 왜냐하면 조직이 크면 클수록 관계된 사람도 많아져 자칫하면 일이 정체상태로 빠져버리기 쉽게 때문이다. 이럴 때 "왜"만 반복적으로 되묻는다면 일은 점점 정체된다. 이러한 경우 스케줄을 맞추기 위해 어떻게 할까? 클레임에 대해 어떻게 잘 대처할까? 일의 효율을 올리기 위해 어떻게 할까?를 중심으로 질문을 만들어 볼 필요가 있다.

예를 들어 기업 홈페이지를 리뉴얼하려는 계획을 세웠다고 하자. "왜 리뉴얼할 필요가 있는가?"를 생각하는 것은 물론 중요하다. 다만 누구나 납득할 수 있는 대답이 몇 개 나온 시점이라면 이번에는 "어떤 식으로 리뉴얼을 진행할 것인가?"로 생각을 전환해야 일이 잘 진행될 것이다. Why이상으로 How를 중시하는 것은 요즘처럼 변화가 빠른 시대에 과제에 대해 구체적으로 어떻게 대처할 것인가, 어떻게 문제를 해결할 것인가를 중심으로 조직의 성과를 높이는 훌륭한 전략이 될 것이다.

정보처리는 수집된 정보나 자료를 있는 그대로 표현하거나 분석단계를 거쳐 업무 목적에 맞게 재조직하는 과정으로 정보를 효과적으로 전달하기 위해 텍스트, 이미지, 표, 다이어그램, 차트 등을 이용하여 작성할 수 있다. 이 중에서 개념 정보를 정리하는데 뛰어난 다이어그램과 수치에 따른 통계적인 정보를 전달하는데 탁월한 그래프에 대해 살펴보면 다음과 같다(요시자와 준토쿠, 2015).

먼저, 다이어그램은 요소의 관계성을 표현하는데 뛰어난 그림이며 도해의 목적에 적합한 다이어그램의 종류를 살펴보면 가로세로유형인 행렬도는 기본적인 자료 내열 방법으로 주로 쓰인다. 관계유형인 계층도, 집합도, 상관도는 요소를 세분화 시키거나 많은 요소들을 몇 가지 그룹으로 나누어 유목화시킬 때 유용하다. 시간 축에서 요소 관계를 정리한 시계열 유형은 왼쪽에서 오른쪽 또는 위에서 아래로 단계의 순서 흐름을 보여주는데 도움이 된다. 예를 들면 시간 축에 따른 대상의 변화(성장

확대, 발전 등)를 단계별로 파악하는데 용이한 단계도와 순서도와 간트 차트 등 일정을 나타내는 프로세스 다이어그램, 여러 요소가 순차적으로 영향을 주어 반복적인 흐름을 정리하는데 적합한 순환도 등이 있다.

[표] 도해의 목적에 따른 다이어그램 구분

구분	다이어그램	도해의 목적
가로세로유형	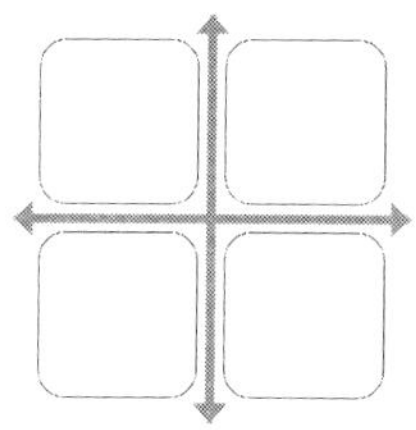 사분면도	우선 순위 표시
	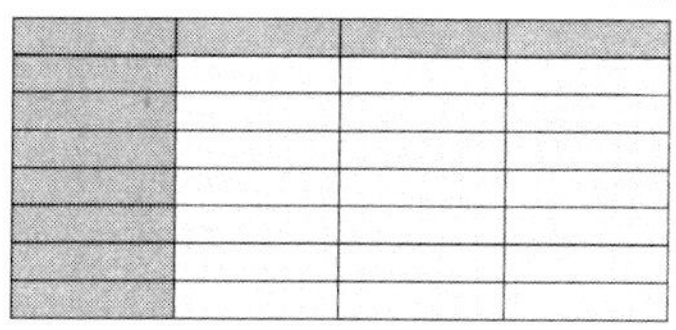 행렬도	목록으로 표시
관계유형	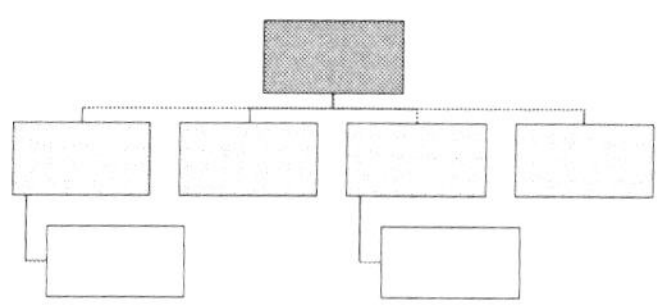 계층도	세분화하여 표시
	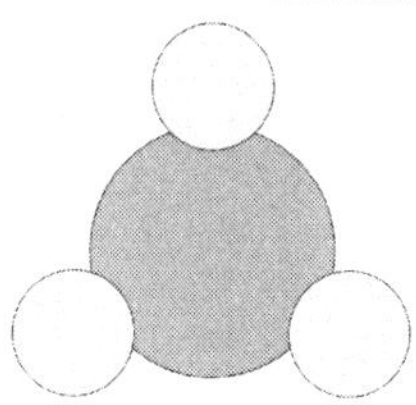 집합도	차이점 정리
	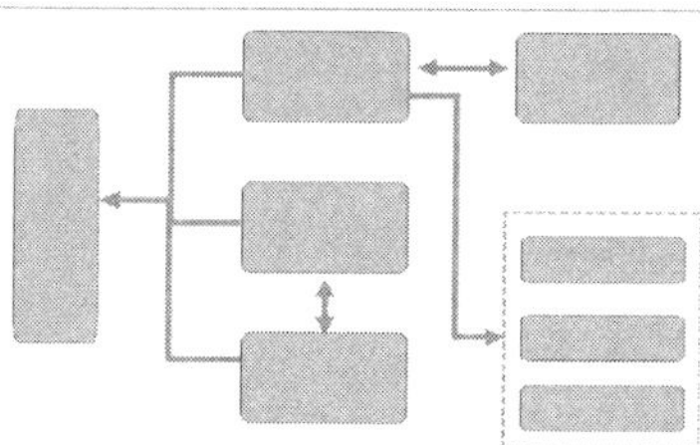 상관도	관계 표시

구분	다이어그램	도해의 목적
	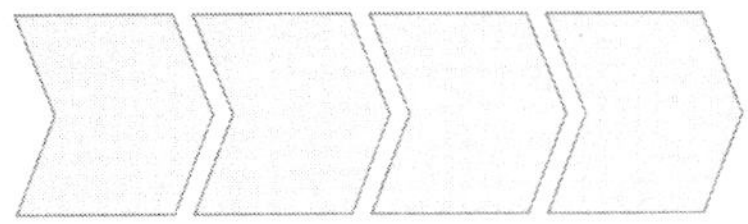 단계도	단계적 변화 표시
시계열유형	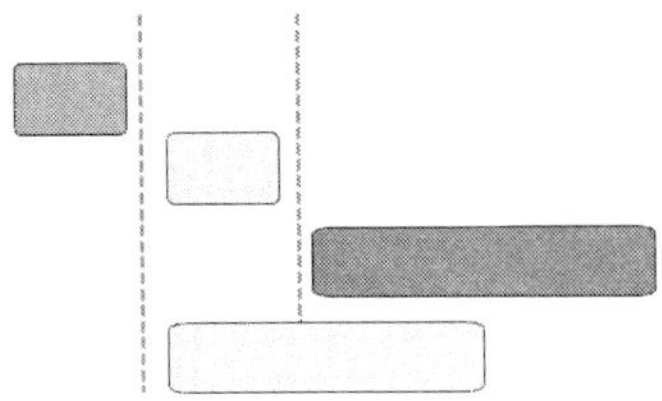 프로세스	순서 정리
	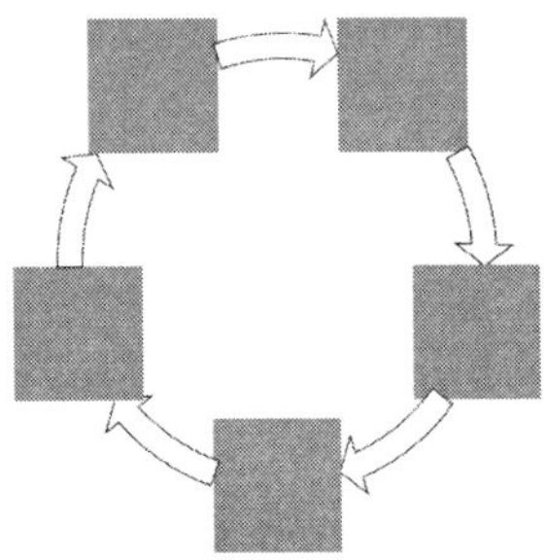 순환도	반복 흐름 정리

그래프는 수치에 따른 통계의 내용을 시각적으로 포착할 수 있도록 도형화한 것으로 아래 [그림]에서 보듯이 길이와 면적을 사용하여 대상의 크기를 표현할 때 사용하는 양의 유형과 수치의 크기보다는 변화하는 부분, 즉 변화의 폭이나 장기적인 추이를 강조할 때 사용하는 변화 유형, 어떤 관점이나 범위에서 측정을 통해 분포되어 있는 부분을 확인할 때 사용하는 분포유형이 있다.

[표] 도해의 목적에 따른 그래프 구분

구분	그래프	도해의 목적
양 유형	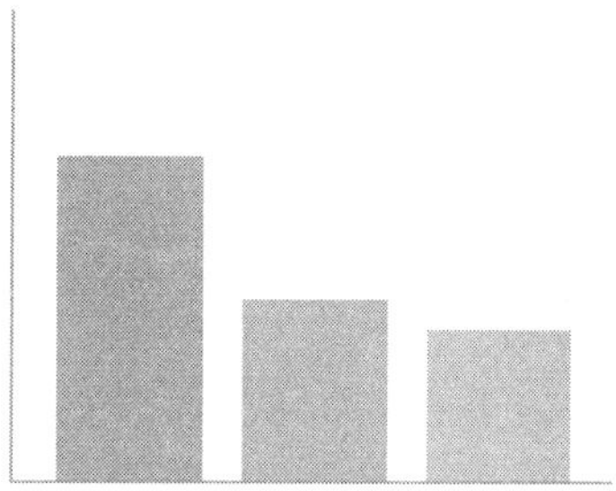 막대형	요소의 크기 표시
	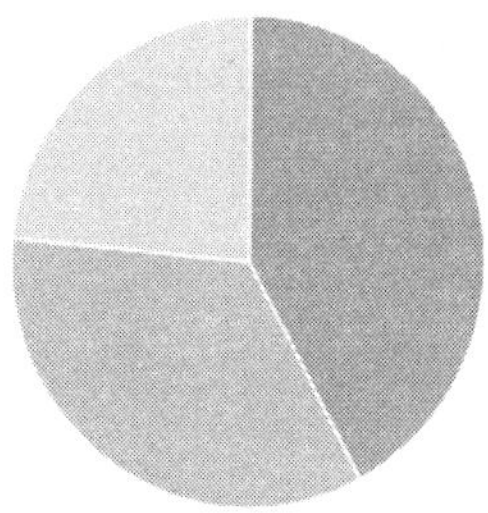 원형	적은 요소의 비율 표시
	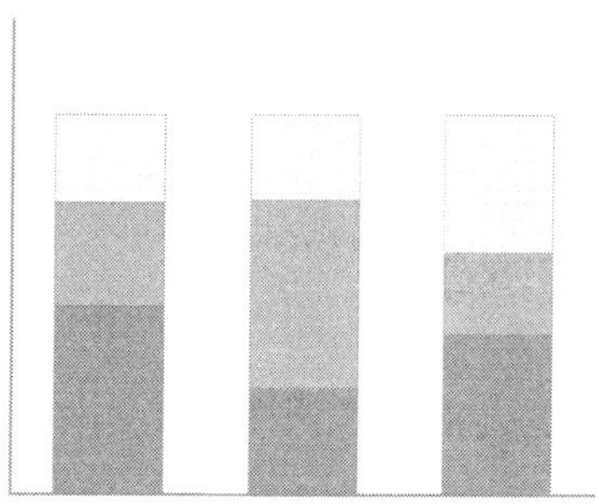 면적도	많은 요소의 비율 표시
변화 유형	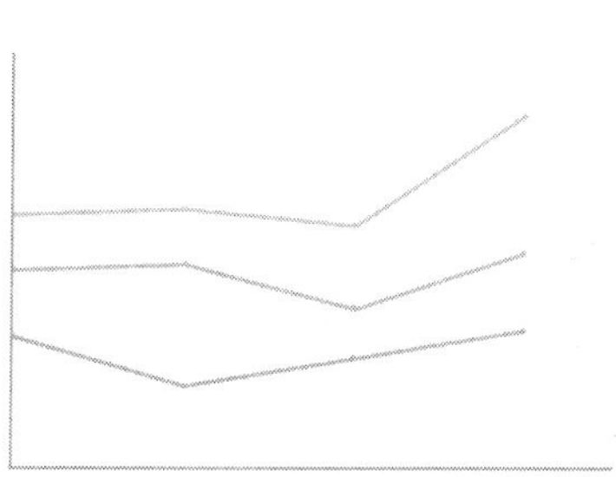 꺾은 선형	시간 축에 따라 요소 변화 표시

구분	그래프	도해의 목적
	 영역형	시간 축에 따라 총량 변화 표시
	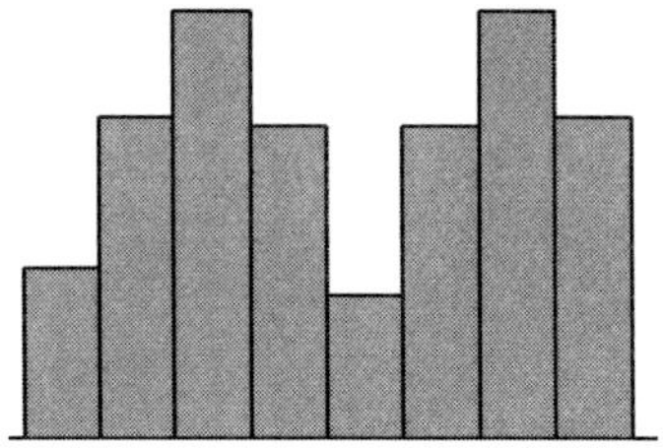 히스토그램	양의 차이 표시
분포 유형	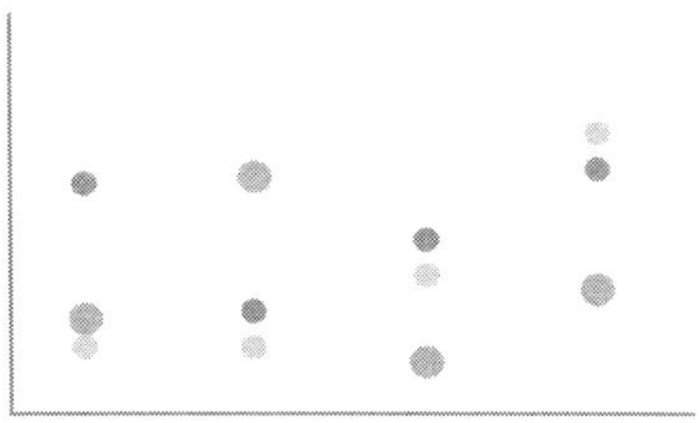 분산형	요소 간의 관계성 표시
	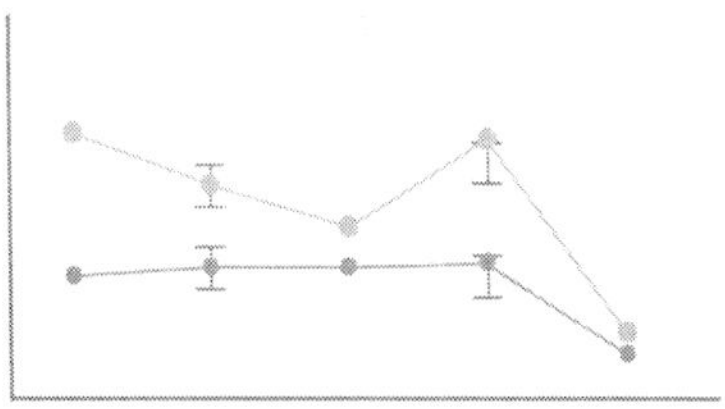 오차 막대형	평균, 최대값, 최소값 표시
	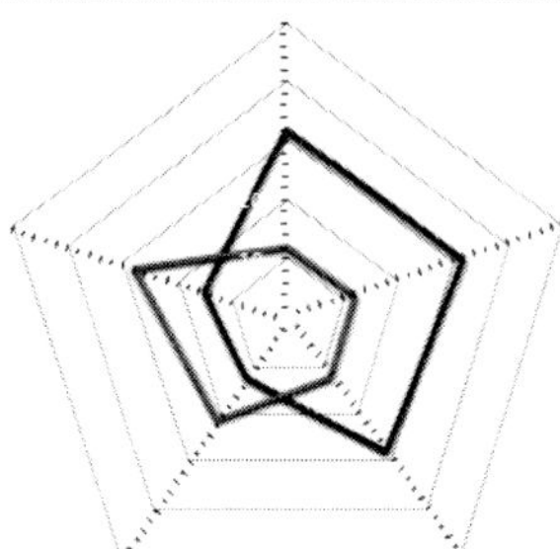 방사형	표준값에 대한 차이를 다각도로 제시

다음은 문제 상황별 그래프 작성의 사례를 살펴본 것이다(요시자와 준토쿠, 2015).

① X사가 영업지원시스템을 강화하는 것으로 예상되는 비용 절감 효과를 연도별로 정리하려고 하는 경우: 엑셀에서 '누적 세로 막대형' 차트로 그래프를 작성

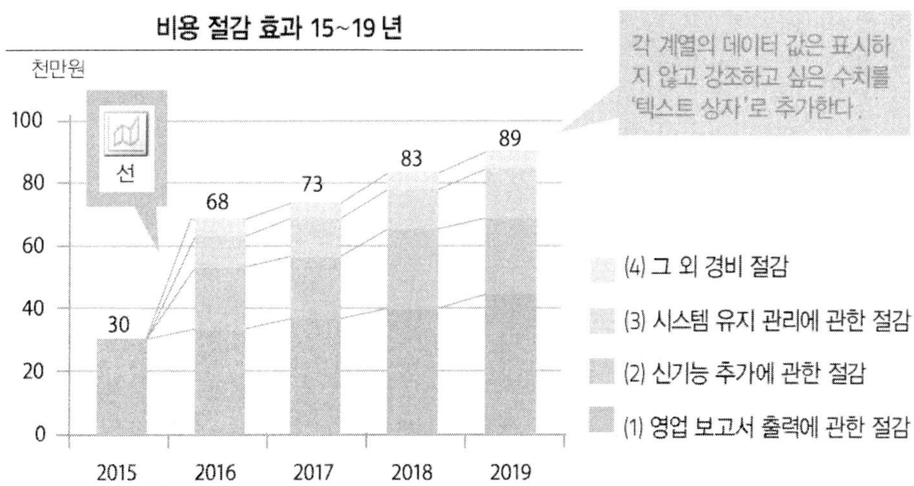

원본 데이터 표

(천만원)

비용 절감 효과	2015	2016	2017	2018	2019
(1) 영업 보고서 출력에 관한 절감	30	33	36	40	44
(2) 신기능 추가에 관한 절감	0	20	20	25	25
(3) 시스템 유지 관리에 관한 절감	0	10	12	13	15
(4) 그 외 경비 절감	0	5	5	5	5

② X사와 경쟁사인 Y사의 IT 비용에 대해서 과거 5년간의 매출 비율 추이를 분석하고자 하는 경우: 엑셀에서 [묶은 세로 막대형 – 꺾은선형, 보조 축] 기능으로 그래프를 작성

IT 비용 대 매출액 비율

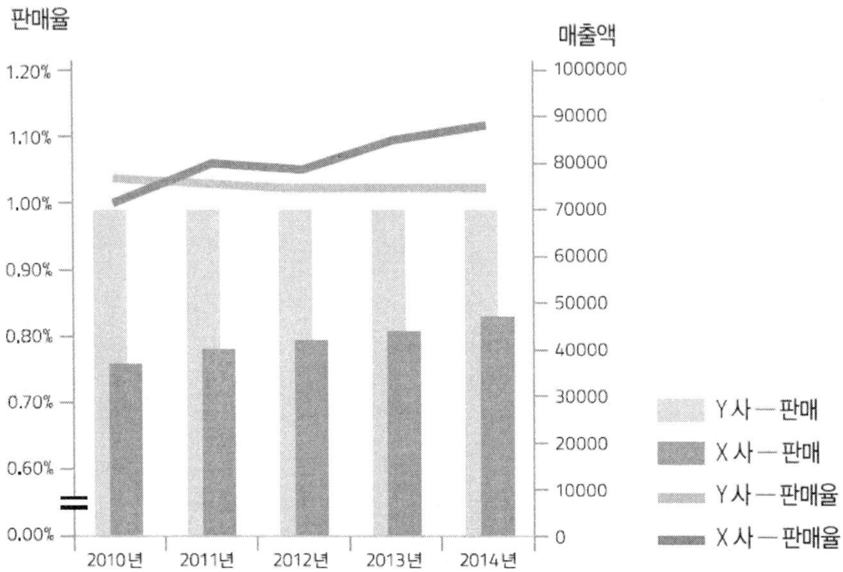

원본 데이터 표

		2010년	2011년	2012년	2013년	2014년
X사	X사 - 매출	36300	38500	41100	43300	46300
	X사 - IT 코스트	362	406	431	473	515
	X사 - 매출비율	1.00%	1.05%	1.05%	1.09%	1.11%
Y사	Y사 - 매출	69000	69500	70100	70150	70090
	Y사 - IT 코스트	712	713	715	715	716
	Y사 - 매출비율	1.03%	1.03%	1.02%	1.02%	1.02%

③ IT 시스템 개발 안건에서 계약 안건의 금액 규모와 영업비용의 추세에 대해 평균뿐만이 아니라, 영업비용이 가장 높은 경우와 가장 낮은 경우도 파악하고자 하는 경우: 엑셀에서 '묶은 세로 막대형'과 '꺾은선형' 차트로 작성

그래프로 평균을 표시하고 오차 막대의 위쪽에 최고, 아래쪽에 최저를 표시한다(분산형 그래프에서도 적용할 수 있다).

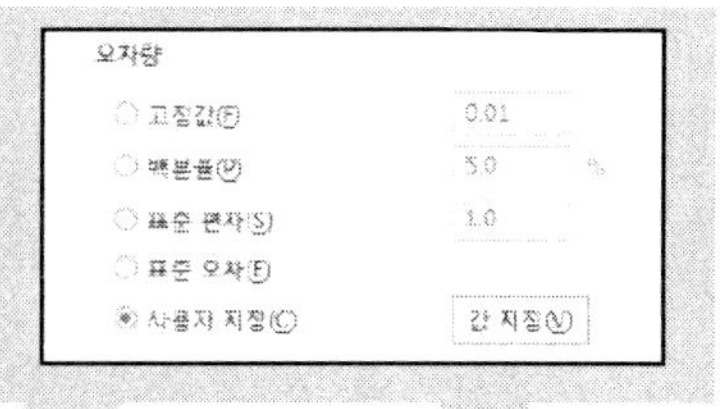

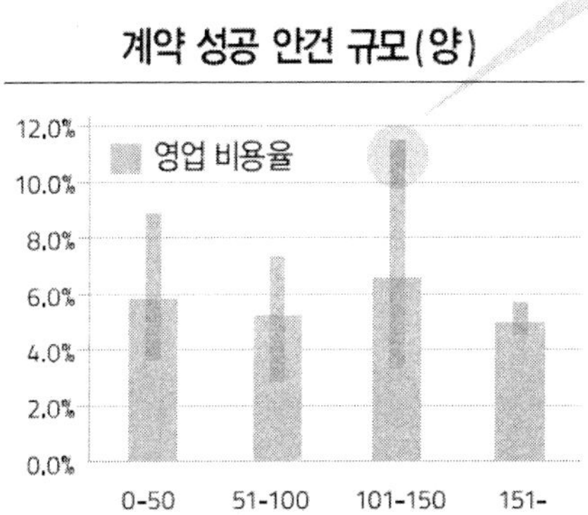

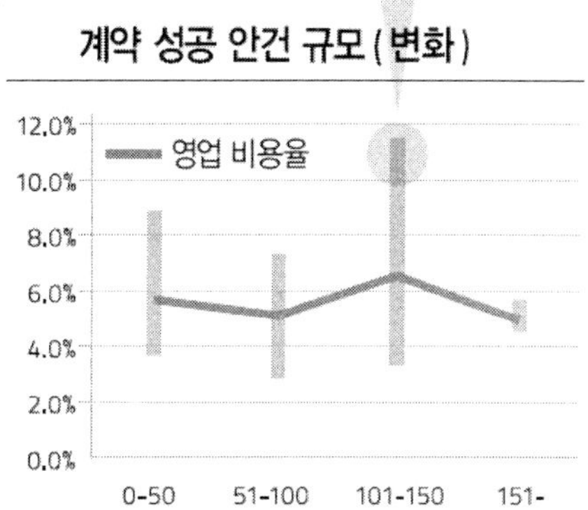

원본 데이터 표

계약 안건 규모 (백만원)	영업 비용율				
	평균	최소	최대	-오차	+오차
0-50	5.8%	4.0%	8.7%	1.8%	2.9%
51-100	5.2%	3.2%	7.1%	2.0%	1.9%
101-150	6.6%	3.5%	11.2%	3.1%	4.6%
151-	5.0%	4.8%	5.3%	0.2%	0.3%

음의 방향 오차는 평균 – 최저, 양의 방향 오차는 평균 – 최고로 산출한다.

학습활동

다음은 '2015년 국민독서실태 조사' 결과의 일부분이다. 그 결과를 프레젠테이션 하기 위한 그래프 활용방법은 무엇인지 생각해보자.

> 독서자들이 평소 책을 읽는 주된 장소는 성인과 학생 모두 '집'(성인 57.1%, 학생 49.1%)이 가장 많았으며, 그 다음으로 성인은 '직장'(14.8%), 학생은 '교실'(25.7%)임. 이어서 성인의 경우 '출퇴근, 이동시 차안'(10.8%), 학생은 '학교 도서관'(9.9%)임.

(단위 : %)

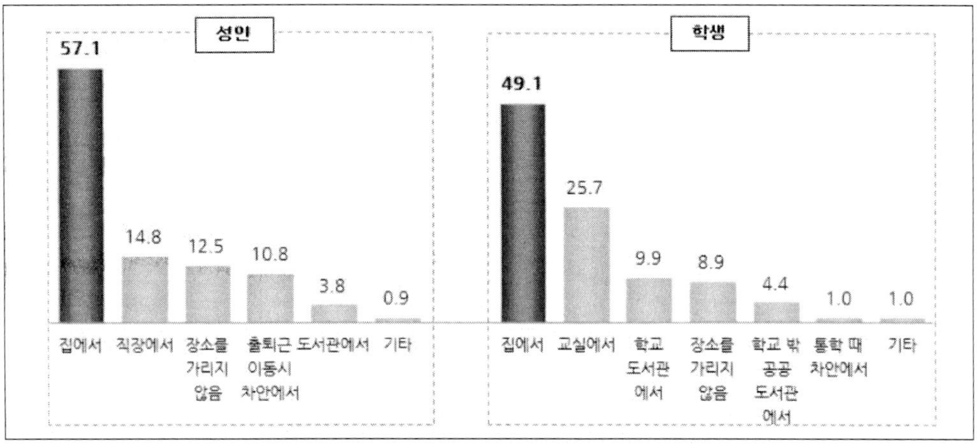

[그림] 성인과 학생의 독서장소 비교 그래프

4. 문제해결을 위한 정보윤리

4차 산업혁명과 사물인터넷(IoT)으로 접속의 시대를 넘어 사람 · 데이터 · 사물 등 모든 것이 연결돼 있는 사회, 사람과 사람, 사람과 기기, 기기와 기기가 네트워크로 연결된 '초접속의 시대'가 도래하고 있다. 사물인터넷은 단순히 집에 있는 가전제품의 전원을 끄거나 실내온도를 설정하는 정도의 편리함을 제공하는 수준이 아니라 가까운 미래에는 직장인의 출퇴근 확인부터, 작업량과 작업속도, 업무 효율성 등을 점검하고 이를 평가하는 데까지 활용될 가능성이 커지고 있다. 이러한 기술은 생활의 편리함을 높여줄 것이란 기대감도 크지만, 한편으로는 해킹으로 인한 보안 문제와 사생활 침해의 우려도 커지고 있다. 기존에는 해킹으로 인한 보안 사고가 발생할 경우 개인정보가 유출돼 금전적 손실이 발생하는 수준이었다면, 사물인터넷 시대에는 가장 사적인 공간까지 누군가 들여다보고 이를 악용할 위험에 처할 수 있다.

학습활동

다음 사례에서 보듯이 인터넷 생활화 및 스마트폰 보급률이 높아지며 검색어 등 이용자의 쿠키(사용기록을 저장한 데이터), IP주소 등 '비식별 개인정보' 를 이용한 '리타게팅 광고(Retargeting: 특정 웹사이트에서 상품을 검색한 뒤 상품을 구매하지 않고 다른 사이트로 이동할 경우 구매하지 않고 지나쳤던 상품을 바로 구매까지 이어질 수 있는 정보를 담아 개인 맞춤형 광고로 다시 해당 고객에게 보여주는 광고)' 가 성행하고 있다. 개인정보를 안전하게 지키기 위해서는 어떠한 노력이 필요한지 정보보안 수칙을 제시해보자.

> 직장인 이모씨는 페이스북, 포털사이트 등 접속하는 곳마다 예전에 검색했던 내용과 관련된 광고가 뜨는 것을 목격했다. 부동산 정보를 검색했더니 접속한 사이트 마다 어김없이 '분양 광고'가 떴고, 스마트폰으로 티셔츠를 구매한 이후에는 의류와 관련된 내용이 노출됐다. 이씨는 자신의 동의도 없이 인터넷을 사용하며 광고에 무방비로 노출될 수밖에 없어 사생활을 침해받는다는 기분을 지울 수 없었다.

스마트폰의 보급과 함께 스마트폰 기반의 모바일 오피스 이용 사례도 증가하고 있다. 하지만 다양한 이용자 환경 변화에 신속하게 대응해야 한다는 점과 모바일 기기의 특성 상 분실, 도난 등의 이용자 부주의로 인해 쉽게 개인·업무 데이터가 유출될 수 있다는 점, 내장된 카메라, 녹음 기능, 악성 앱 감염에 의한 해킹 등과 같이 고의적·악의적인 위험성이 커지고 있다. 또한 모바일 오피스 이용 시 사용되는 단말기들은 개인의 것이든 법인의 것이든 실제 사용자는 개인이기 때문에 스마트폰 이용 내역의 추적, 감시 가능성 등에 대한 프라이버시 우려의 목소리도 있다. 이에 방송통신위원회와 한국인터넷진흥원은 2012년에 모바일 오피스를 도입한 기업들이 알아둬야 할 정보보호 수칙을 담은 '안전한 모바일 오피스 도입과 운영을 위한 정보보호 수칙'을 발표했다. 보안 수칙은 이용자와 운영자 관점에서 살펴보면 다음과 같다(방송통신위원회, 2012).

■ 모바일 오피스 이용자 보안 수칙

1. 회사에 개인 단말기·사용자 정보를 안전하게 등록하고 인증받기
2. 회사가 지정·권고하는 프로그램을 확인하고 설치하기
3. 비정상적인 모바일 단말기로 모바일 오피스에 접속하지 않기
4. 회사 중요 정보는 개인 모바일 단말기 내 보관하지 않기
5. 안전한 무선 환경에서 모바일 오피스 접속하기

■ 모바일 오피스 운영자 보안 수칙

6. 이용자의 단말기 정보 및 인증 정보를 안전하게 관리하기
7. 이용자에게 프로그램 제공 시 안전하게 배포하기
8. 프로그램의 업데이트 정보를 이용자에게 수시로 알려주기
9. 모바일 단말기 도난·분실 시, 원격으로 정보를 삭제하기

기업들은 변화하는 시대에 발맞추기 위해 인터넷을 통한 다양한 마케팅 활동을 펼치고 있다. 홈페이지는 물론 각종 SNS를 통해 기업의 제품이나 활동을 소비자들에게 적극적으로 알리고 있다. 하지만 허가 없이 저작권을 가진 업체의 서체, 이른바 폰트를 사용했다는 이유로 저작권 침해 소송에 휩싸이거나 합의금을 물어줘야 하는 문제가 벌어지는 것이다.

저작권은 시, 소설, 음악, 미술, 영화, 연극, 컴퓨터프로그램 등과 같은 '저작물'에 대하여 창작자가 가지는 권리로, 저작권자는 창작물에 대해여 저작권을 가지며 저작권법에 의해 보호를 받는다. 저작권자가 아닌 다른 사람이 저작물을 이용할 시에는 정당한 대가를 지불하거나 저작권자로부터 허가를 받아야 한다. 정당한 방법으로 구했다 할지라도, 그 창작물을 다른 사람이 사용하도록 공유하거나 전송하는 것은 저작권을 침해하는 행위에 해당된다. 저작권 보호는 창작자 개인에게 이익이 될 뿐만 아니라 우리의 문화 발전을 이루고, 더 나아가 문화 상품의 수출을 통해 국가의 경제적 이익에도 큰 영향을 미치게 되는 것임으로 반드시 보호받아야 하며 창작물 개발에 들어간 노력과 비용을 생각해서라도 불법 사용은 근절되어야 할 것이다.

학습활동

아래 질문들에 대해 저작권 침해 행위에 해당되는지 생각해보고, 이와 관련된 정보(사실)를 수집하여 저작권 침해 주의사항을 다이어그램으로 표현해보자.

① A회사는 광고를 만들면서 코미디 프로그램에 출연하는 연예인의 유행어를 이용하려고 한다. 저작권 침해 행위에 해당하는가?
② 홍보팀에 근무하는 B직원은 인터넷에 있는 여러 저작물들을 직접 게시하지 않고 링크 방식으로 홍보게시물을 작성하였다. 저작권법상 어떤 문제점이 발생할 수 있는가?
③ 얼마 전 회사 홈페이지를 새로 오픈하였는데, 법무법인으로부터 정품 폰트 구입 여부

확인 요청과 함께 저작권 침해 시 배상하여야 할 합의금 내용이 담긴 내용증명을 보내왔다. 이러한 경우 과연 어떻게 대응하는 것이 바람직할까?

④ 유명 화가인 클림트의 명화 '키스'를 티셔츠에 프린트하여 인터넷 쇼핑몰에서 판매하고 싶다. 오래된 작품이고 저작자가 사망했기 때문에 자유롭게 이용할 수 있을 것 같은데, 저작권법이 개정되면서 보호기간이 연장되었다고 들었다. 얼마나 연장된 것인가?

⑤ 회사 직원이 불법 복제 프로그램을 설치하여 업무에 필요한 자료 제작에 이용하였을 경우, 회사도 저작권 침해에 관한 책임을 부담하는가?

(hint) 한국저작권위원회(http://www.copyright.or.kr) → 정보자료 → 저작권상식 → 저작권상담사례100+

인터넷이 우리의 생활을 편리하게 해주는 도구일 뿐만 아니라 이러한 도구를 우리가 어떻게 활용하는가에 따라서 우리에게 도움이 되기도 하고 피해를 끼치기도 한다. 실제로 모바일 메신저를 이용하는 대학생 A씨는 동아리 면접일정, 수업평가, 책 구매비법, 과제해결방법, 점심메뉴 공유 등이 문자로 오간다고 했다. 선배 연락처, 교수님 이메일 정보도 교환한다. 일상적으로 주고받는 수다가 스마트폰으로 주고받는 문자로 대체되었다고 해도 무방한 수준이다. 최근 직장인들에게도 퇴근 전후를 불문하고 전화, 문자메시지, SNS 등 각종 통신수단으로 업무지시를 받는 사례가 늘어나 근로자의 사생활 침해가 심각한 상황도 발생하고 있다.

학습활동

여러분은 스마트폰을 주로 어떤 목적으로 이용하는지 이야기해보고, 스마트폰의 과다사용으로 인한 문제점을 무엇인지 '문제해결을 위한 WHY트리 기법'을 이용하여 분석해보자.

> 직장인 권대리의 일과는 스마트폰으로 소셜네트워크서비스(SNS)에 올라온 글을 확인하는 것부터 시작한다. 바쁜 아침이지만 밤새 어떤 글이 올라왔는지 궁금해 침대에서 몸을 일으키기 전 스마트폰부터 찾는다. 출근길엔 방문하는 것만으로도 포인트가 쌓이는 쇼핑몰 애플리케이션을 클릭하거나 뉴스·인기 검색어를 찾아본다. 직장에선 틈틈이 컴퓨터로 웹서핑한다. 물론 스마트폰으로 SNS를 이용하는 것도 잊지 않는다.
>
> 권대리는 동료와의 점심 자리에서도 스마트폰을 자주 확인한다. 가끔 핀잔을 받지만 스마트폰을 보지 않고는 불안해 견딜 수가 없다. 저녁에 친구와 함께 방문한 맛집에서는 음식을 먹기 전 사진에 예쁘게 담아 SNS에 올린다. 집에 와선 스마트폰 앱을 통해 화장품을 사고 남는 시간엔 스마트폰 게임을 즐긴다. 잠자리에 누워 자신이 올린 글과 댓글, 유머 글 등을 읽는다. 어느덧 스르륵 잠든 권대리의 손엔 아직도 스마트폰이 쥐어져 있다.

일상생활을 스마트하게 보조해 주는 스마트폰이 있어 삶이 한층 편리해지긴 했지만 문제는 너무 과도하게 사용하여 '중독'되기 쉽다는 것이다. 길을 가면서도, 차를 운전하면서도, 밥을 먹다가도, 심지어는 화장실에서 볼일을 보면서도, 잠자리에 들어서도 이것을 손에서 놓지 못한다면 중독을 의심하지 않을 수 없다.

스마트폰중독이란 스마트폰을 과다하게 사용하여 스마트폰 사용에 대한 금단과 내성을 지니고 있으며, 이로 인해 일상생활 장애가 유발되는 상태를 말한다. 스마트폰의 과도한 사용으로 인해 생기는 다양한 부작용들의 예는 우리 주변에서 쉽게 찾아볼 수 있다. 잦은 예로 거리에서 스마트폰으로 영상을 보느라 신호등도 살피지 않고 길을 건너는 위험한 모습이 자주 목격되며, 운전 중 스마트폰을 하다가 사고가 나기도 한다. 20대 직장인 K씨는 아침 알람을 시작으로 모든 일정을 스마트폰으로 관리한다. 출근 후 퇴근까지는 스마트폰 대신 컴퓨터로 업무를 처리하지만 점심시간이나 쉬는 시간이면 여전히 스마트폰이 손에서 떠나지 않는다. 지인과 메신저를 하거나 셀카를 찍으며, 퇴근길에는 하루 동안 쌓인 스트레스를 해소하기 위해 모바일 게임 또는 영화를 본다. 저녁 식사 후에도 음악 듣기, 인터넷 쇼핑 등을 즐기며 하루 일과를 마무리한다.

최근 온라인 취업관련 포털사이트가 "스마트기기 의존"이라는 주제로 직장인 일천명을 대상으로 설문조사한 결과에 따르면, 직장인 하루 평균 스마트폰 사용량은 3시간 이상인 것으로 나타났으며, 20~30대 젊은 직장인의 경우 상당수가 자신의 스마트폰 중독 수준을 위험하다고 판단했다.

스마트폰 중독 유형을 살펴보면 다음과 같다.

① **정보검색중독:** 자신에게 정말 필요한 것보다는 정보수집 자체에 집착하여 강박적으로 웹사이트나 자료를 검색하는 경우

② **모바일 메신저중독:** 모바일 메신저를 통한 인간관계에 몰두해 실제 인간관계를 등한시 하는 경우

③ **SNS중독:** 개인홈페이지, 인터넷동호회 등을 운영하거나 소셜네트워크서비스를 사용하는데 과도하게 시간을 할애하는 경우

④ **앱중독(앱피로 증후군):** 스마트폰에서 모바일 앱을 끊임없이 내려 받기에 빠진 경우

⑤ **모바일게임중독:** 스마트기기를 통한 게임을 과다 사용하는 경우

⑥ **모바일 성인용콘텐츠 중독:** 섹스나 포르노 등의 내용물을 담고 있는 모바일콘텐츠를 강박적으로 계속 드나드는 경우(음란채팅, 음란물공유, 야동, 야설 등)

학습활동

다음은 한국정보화진흥원이 개발한 표준화된 스마트폰 중독 진단척도인 S-척도를 이용하여 스마트폰 중독 자가진단결과를 확인해보자.

	항 목	전혀 그렇지 않다	그렇지 않다	그렇다	매우 그렇다
1	스마트폰의 지나친 사용으로 학교성적이나 업무능률이 떨어진다.				
2	스마트폰을 사용하지 못하면 온 세상을 잃을 것 같은 생각이 든다.				
3	스마트폰을 사용할 때 그만해야지 라고 생각은 하면서도 계속한다.				
4	스마트폰이 없어도 불안하지 않다.(R)				
5	수시로 스마트폰을 사용하다가 지적을 받은 적이 있다.				
6	가족이나 친구들과 함께 있는 것보다 스마트폰을 사용하고 있는 것이 더 즐겁다.				
7	스마트폰 사용시간을 줄이려고 해보았지만 실패한다.				
8	스마트폰을 사용할 수 없게 된다면 견디기 힘들 것이다.				
9	스마트폰을 너무 자주 또는 오래한다고 가족이나 친구들로부터 불평을 들은 적이 있다.				
10	스마트폰 사용에 많은 시간을 보내지 않는다.(R)				
11	스마트폰이 옆에 없으면, 하루 종일 일(또는 공부)이 손에 안잡힌다.				
12	스마트폰을 사용하느라 지금 하고 있는 일(공부)에 집중이 안 된 적이 있다.				
13	스마트폰 사용에 많은 시간을 보내는 것이 습관화되었다.				
14	스마트폰이 없으면 안절부절 못하고 초조해진다.				
15	스마트폰 사용이 지금 하고 있는 일(공부)에 방해가 되지 않는다.(R)				

<table>
<tr><td rowspan="2">채점 방법</td><td>[1단계] 문항별</td><td>전혀 그렇지 않다 : 1점, 그렇지 않다 : 2점, 그렇다 : 3점, 매우 그렇다 : 4점
※ 단, 문항 4번, 10번, 15번은 다음과 같이 역채점 실시
〈전혀 그렇지 않다 : 4점, 그렇지 않다 : 3점, 그렇다 : 2점, 매우 그렇다 : 1점〉</td></tr>
<tr><td>[2단계] 총점 및 요인별</td><td>총 점 ▶ ① 1~15번 합계
요 인 별 ▶ ② 1요인(1,5,9,12,15번) 합계
③ 3요인(4,8,11,14번) 합계
④ 4요인(3,7,10,13번) 합계</td></tr>
</table>

<table>
<tr><td rowspan="4">일반 사용자군</td><td>총 점▶ ① 39점 이하
요인별▶ ② 1요인 13점 이하 ③ 3요인 12점 이하 ④ 4요인 12점 이하</td></tr>
<tr><td>판정 : ①~④ 모두 해당되거나 고위험 및 잠재적위험군에 속하지 않는 경우</td></tr>
<tr><td>대부분이 스마트폰 중독문제가 없다고 느낀다. 심리적 정서문제나 성격적 특성에서도 특이한 문제를 보이지 않으며, 자기행동을 관리한다고 생각한다. 주변 사람들과의 대인관계에서도 자신이 충분한 지원을 얻을 수 있다고 느끼며, 심각한 외로움이나 곤란감을 느끼지 않는다.</td></tr>
<tr><td>▷ 때때로 스마트폰의 건전한 활용에 대하여 자기 점검을 지속적으로 수행한다.</td></tr>
</table>

<table>
<tr><td rowspan="4">잠재적 위험 사용자군</td><td>총 점▶ ① 40점 이상~43점 이하
요인별▶ ② 1요인 14점 이상</td></tr>
<tr><td>판정 : ①~② 중 한 가지라도 해당되는 경우</td></tr>
<tr><td>고위험사용자군에 비해 경미한 수준이지만 일상생활에서 장애를 보이며, 필요이상으로 스마트폰 사용시간이 늘어나고 집착을 하게 된다. 학업에 어려움이 나타날 수 있으며, 심리적 불안정감을 보이지만 절반 정도는 자신이 아무 문제가 없다고 느낀다. 다분히 계획적이지 못하고 자기조절에 어려움을 보이며 자신감도 낮게 된다.</td></tr>
<tr><td>▷ 스마트폰 과다 사용의 위험을 깨닫고 스스로 조절하고 계획적인 사용을 하도록 노력한다. 스마트폰 중독에 대한 주의가 요망된다.</td></tr>
</table>

<table>
<tr><td rowspan="3">고위험
사용자군</td><td>총 점▶ ① 44점 이상
요인별▶ ② 1요인 15점 이상 ③ 3요인 13점 이상 ④ 4요인 13점 이상</td></tr>
<tr><td>판정 : ①에 해당하거나, ②~④ 모두 해당되는 경우</td></tr>
<tr><td>스마트폰 사용으로 인하여 일상생활에서 심각한 장애를 보이면서 내성 및 금단 현상이 나타난다. 스마트폰으로 이루어지는 대인관계가 대부분이며, 비도덕적 행위와 막연한 긍정적 기대가 있고 특정 앱이나 기능에 집착하는 특성을 보이기도 한다. 현실 생활에서도 습관적으로 사용하게 되며 스마트폰 없이는 한 순간도 견디기 힘들다고 느낀다. 따라서, 스마트폰 사용으로 인하여 학업이나 대인관계를 제대로 수행할 수 없으며 자신이 스마트폰 중독이라고 느낀다. 또한, 심리적으로 불안정감 및 대인관계 곤란감, 우울한 기분 등이 흔하며, 성격적으로 자기조절에 심각한 어려움을 보이며 무계획적인 충동성도 높은 편이다. 현실세계에서 사회적 관계에 문제가 있으며, 외로움을 느끼는 경우도 많다.
▷ 스마트폰 중독 경향성이 매우 높으므로 관련 기관의 전문적 지원과 도움이 요청된다.</td></tr>
</table>

스마트폰의 대중화가 가속화되면서 충동억제와 통제력 면에서 성인보다 취약한 청소년과 유아, 아동에게까지 스마트폰의 영향을 매우 심각하다. 스마트폰을 지나치게 많이 사용하면 어떠한 부작용을 초래하는지 살펴보면 다음과 같다.

① **스마트폰 블루라이트:** 밤에 자다가 스마트폰을 사용하는 것은 뇌에 태양을 들이대는 것과 같다. 스마트폰 불빛인 블루라이트는 수면유도 호르몬(멜라토닌) 분비를 억제하여 수면장애를 유발하는 원인이기 때문이다.

② **디지털 격리 증후군:** 스마트폰으로 소통할 때는 편하지만 직접 만나서는 제대로 놀지 못하고 어색한 상태로 이어질 수 있다. 함께 있지만 각자 따로 스마트폰만 하면서 놀고 있는 모습이나 스마트 폰을 손에서 놓을 수 없는 상태를 말한다.

③ **팝콘브레인:** 현실에 무감각해지고 주의력이 크게 떨어져 팝콘처럼 강한 자극에만 반응하는 것을 말한다. 스마트폰의 게임, 동영상을 자주 보는 바람에 빠르고 강한 정보에는 익숙하고 현실세계의 느리고 약한 자극에는 반응을 안하게 되는 뇌의 상태를 일컫는다.

④ **거북목증후군,** 손목터널증후군: 스마트폰을 장시간 사용하여 목 뒤가 찌릿찌릿

해지면서 목뼈가 휘고, 손(엄지손가락과 손바닥)과 손목이 자주 저리고 통증이 심해지는 현상이다.

⑤ **SNS 피로증후군:** 페이스북, 트위터, 카카오톡 등 복수의 SNS를 사용하면서 과다한 정보 공유와 인맥 관리 분산으로 스트레스에 시달리는 사람들이 증가하면서 주목받고 있다. 관계를 맺고 있는 사람과의 정치적 이념 차이나 직장 상사와의 불편한 관계 등에서 발생하는 스트레스도 SNS 피로증후군의 사례라 할 수 있다.

SNS 피로증후군은 1996년 신경과학자 데이비드 루이스 박사에 의해 처음 제시된 정보피로증후군의 한 사례로 페이스북, 트위터, 카카오톡 등 복수의 SNS를 사용하면서 과다한 정보 공유와 인맥 관리 분산으로 스트레스에 시달리는 사람들이 증가하면서 주목받고 있다. 예를 들면, 관계를 맺고 있는 사람과의 정치적 이념 차이나 직장 상사와의 불편한 관계 등에서 발생하는 스트레스도 SNS 피로증후군의 사례라 할 수 있다. SNS 피로증후군에 걸린 사람들의 증상은 하루라도 SNS를 안 하면 불안해하고, 내가 SNS에 올린 글에 누가 어떤 댓글을 달았는지 궁금해 하며, 내 글에 붙은 댓글이 적으면 우울함을 느끼는 등이 해당된다. 또한 아침에 눈을 뜨면 스마트폰부터 찾고 지하철이나 화장실에서도 SNS를 체크할 정도로 피로감을 호소하는 사람들이 빠른 속도로 늘고 있다. 회사에 문제가 생기면 한밤중에도 SNS를 통해 대처해야 하니 스마트폰을 끼고 있느라 잠도 제대로 못 잘 지경이라고 토로하는 직장인도 있다. 그것은 스마트폰을 통해 정보가 실시간으로 쏟아지면서 분석 능력의 마비, 불안감, 자기 회의감이 증가하는 등 SNS 피로증후군 때문에 전문적인 치료를 받는 경우까지 생겨나고 있다(김환표, 2013).

우리는 가끔 습관처럼 SNS를 확인하고 있는 자신을 발견하곤 한다. 최근 전 세계적으로 스마트폰과 SNS 중독이 화두가 되면서 스마트폰에서 해방되자는 '디지털 디톡스' 붐이 일고 있다. 디지털 디톡스는 디지털(digital)에 '독을 해소하다'라는 뜻의 디톡스(detox)가 결합된 말로, 디지털 홍수에 빠진 현대인들이 각종 전자기기 사용을 중단하고 명상, 독서 등을 통해 몸과 마음을 회복시키자는 것을 말한다. 즉, 단식으로 몸에 축적된 독소나 노폐물을 해독하듯이 스마트기기 사용을 잠시 중단함으로써 정신적 회복을 취한다는 것이다. 세계적인 IT 회사인 구글의 에릭 슈미트 회장도 디지털 디톡스의 필요성을 강조하면서 2012년 5월 20일 보스턴대 졸업식 축사를 통해 "인생은 모니터 속에서 이뤄질 수 없다"며 "하루 한 시간만이라도 휴대폰과 컴퓨터를 끄고 사랑하는 이의 눈을 보며 대화하라"라고 말했다. 조화순 연세대 교수는 "네트워크로 연결된 현대 사회는 디지털 위험 사회이다. 특히 디지털 피로감과 감시 사회, 불신의 사회 등 여러 가지 사회적 문제를 일으킨다. 이러한 디지털 위험을 해소하기 위해서 시민 사회가 능동적으로 참여하는 '디지털 디톡스 운동'이 필요하다"라고 말했다.

학습활동

다음 사례에서처럼 우리가 일상생활에서 디지털 디톡스를 실천할 수 있는 방법을 SMART법칙에 맞추어 제시해보자.

> 미국 워싱턴포스트는 일상생활에서 쉽게 할 수 있는 '디지털 디톡스'의 5가지 방법을 소개하는데 침대로 스마트폰을 가지고 가지 않는 것, 이메일 계정을 수시로 확인하는 것을 금하면서 이메일 계정에서 로그아웃하는 것, SNS와 모바일 메신저에 '알림' 기능을 끄는 것, 스마트폰이나 컴퓨터 화면 대신 종이책을 보는 것, 온라인 접속 시간을 측정하여 통제하는 것을 제안했다. 국내에서도 디지털 디톡스에 대한 필요성을 강조하는 움직임들이 일고 있으며 청소년을 대상으로 한 인터넷 중독 예방 교육이나 강연 등이 다수 실시되고 있다. 최근 서울시에서는 2015년 서울시 인터넷 중독예방 상담센터 연합캠페인을 실시하며 '스마트폰 1.1.1 운동(1주일에 1번, 1시간씩 스마트폰을 끄자는 내용)'을 선보였다.

제11장

문제해결을 위한 수리능력

1. 문제해결과정에 필요한 기초통계능력

직업인으로서 업무를 효과적으로 수행하기 위해서는 방대한 양의 자료를 효과적으로 요약할 수 있어야 한다. 특히 이러한 과정에서 기본적인 통계기법의 활용은 매우 필수적이다. 특히 자료를 요약함에 있어서 가장 빈번히 활용하는 것은 평균과 표준편차 등이 있다. 이러한 통계는 사회집단이나 자연집단의 현상에 대한 자료를 한눈에 알아보기 쉽게 수치로 나타내는 것으로 통계활용의 이점으로는 ① 많은 수량적 자료를 처리가능하고 쉽게 이해할 수 있는 형태로 축소, ② 표본을 통해 연구대상 집단의 특성을 유추, ③ 의사결정의 보조수단, ④ 관찰가능한 자료를 통해 논리적으로 어떠한 결론을 추출·검증 등이 있다.

학습활동

1) 판매현황 문서에서 판매량의 합계, 판매금액, 재고량을 하나하나 계산해서 결과 값을 입력하려면 여간 번거로운 일이 아니다. 특히 판매율과 같이 증감율, 달성률, 경쟁률, 출석률 등을 구하는 비율계산식과 사칙연산을 활용한 수식계산방법을 엑셀프로그램을 이용해서 계산해보자.
   비율을 계산하려면 비교하려는 값(비교값)과 기준이 되는 값(기준값)을 구분하는 것이 필요하다. 예를 들면, 영업사원별 실적이 전체 판매 실적에서 몇 %에 해당되는지 비율을 계산하기 위해서는 비교값이 영업사원의 실적이 되고, 기준값은 전체 판매 실력이 된다. 따라서, 비율은 비교값과 기준값을 파악해 두 값을 나눠 계산하는 식을 작성하면 된다.

	A	B	C	D	E	F	G	H	I
1	아웃도어 신발판매 현황								
2	모델명	상품	분류	단가	입고량	판매량	재고량	판매금액	판매율(%)
3	wk1901	워킹화	남성	165,000	100	100	①	②	③
4	wk2902	등산화	여성	187,000	100	85			
5	wk3903	마라톤화	공용	120,000	60	55			
6	wk2904	등산화	여성	230,000	80	25			
7	wk1905	워킹화	남성	150,000	50	50			
8	wk2906	등산화	여성	210,000	100	90			
9	wk3907	마라톤화	공용	130,000	70	45			
10	wk3908	암벽화	공용	120,000	50	20			

① 재고량=입고량-판매량 =E3-F3
② 판매금액=단가*판매량 =F3*D3
③ 판매율=판매량/입고량*100 =F3/E3*100

2) 다음 집계표 문서에서 달성률과 경쟁률을 계산하는 수식을 완성해보고, 각 번호에 해당하는 수식계산식을 적어보자.

① 분기별 달성률 = 매출/목표

② 직원모집 경쟁률=지원자수/모집인원

	A	B	C	D	E	F	G	H
1	분기별 달성률			(단위 : 백만)		직원모집 경쟁률		
2	분기	매출	목표	달성률		모집인원	지원자수	경쟁률
3	1사분기	1,500	1,000	①		5	100	②
4	2사분기	2,500	2,000					
5	3사분기	3,000	3,000					
6	4사분기	3,560	4,000					

참 고

경쟁률은 보통 몇 대 몇과 같은 방식으로 표시한다. 수식계산식으로 결과값을 구한 뒤 셀서식(단축키: Ctrl+1) 대화상자에서 표시형식 탭의 사용자 지정형식을 G/표준":1" 으로 변경하면 아래와 같이 경쟁률이 표시된다.

직원모집 경쟁률

모집인원	지원자수	경쟁률
5	100	20:1

한 회사의 상품 기획 담당자가 새로운 상품을 검토하기 위해서 고객의 평균 연령을 구했다. 평균 연령이 27여서 27세 전후를 타깃으로 상품을 준비하여 판매에 들어갔지만 매출은 감소하였다. 왜냐하면 실제 고객은 19세*4명, 18세*1명, 35세*4명으로 정작 27세 전후의 타깃은 1명도 없었기 때문이었다. 평균 연령은 27세지만 목표했던 27세 전후의 고객은 찾아볼 수 없었다.

일반적으로 평균은 그 집단을 대표하는 값으로 쓰이는 경우가 많은데 위 사례와 같은 경우에는 오류를 발생하기 쉽다. 과거 6개월 매출을 평균으로 보고자 할 때 특정 월에만 매출이 몰려 있는 경우에도 같은 문제가 발생할 수 있다. 이런 문제를 피하려면 실제 데이터를 확인하고 여러 가지 방법으로 데이터를 분석할 필요가 있다. 예를 들면, 현재의 고객 연령층이 어느 정도인지 궁금한 경우에 고객의 연령 데이터에서 최빈값 구하고, 직원별 특정 상품의 판매수 차이를 보고자할 경우에는 판매 수량에서 표준편차와 분산을 구하는 것이다.

데이터의 기본적인 특성을 나타내는 기본 통계량은 빈도, 평균, 중앙값, 최빈값, 분산, 표준편차 등으로 말할 수 있는데 각 의미를 살펴보면 다음과 같다.

- 빈도 : 어떤 사건이 일어나거나 증상이 나타나는 정도임.
- 빈도분포 : 그러한 빈도를 표나 그래프로 종합적이면서도 일목요연하게 표시하는 것으로 보통 빈도수와 백분율로 나타내는 경우가 많으며, 상대적 빈도분포와 누가적 빈도분포로 나누어 표시하기도 함.
- 평균 : 집단의 특성을 요약하기 위해서 가장 빈번하게 활용하는 값으로써 전체 사례수의 값을 모두 더한 후, 총 사례수로 나눈 값을 의미함.
- 분산 : 각 관찰값과 평균값과의 차이의 제곱의 평균을 말하며, 각 관찰값과 평균값과의 차이의 제곱을 모두 합한 값을 개체의 수로 나눈 값을 의미함.
- 표준편차 : 분산값의 제곱근 값을 의미하고 평균으로부터 얼마나 떨어져 있는가를 나타내는 개념임.
- 최소값과 최대값 : 데이터 중 가장 작은 값을 의미하고, 최대값은 데이터 중 가장 큰 값을 의미함.
- 최빈값 : 가장 도수가 많은 값이 됨.
- 도수 : 개수를 말하는 것으로 가장 많이 볼 수 있는 값을 의미함.
- 표본수 : 데이터의 개수를 의미함.
- 첨도 : 분포의 형상이 날카로운지 퍼져있는지를 구하는 것으로 첨도가 0이면 정규분포를 이룬다는 뜻이고, 첨도가 (+)값이면 정규분포보다 뾰족한 모양을 하고, (-)값이면 정규 분포보다 퍼진 모양이 됨.
- 왜도 : 정규 분포에 비해 오른쪽 또는 왼쪽으로 치우쳐 있는지의 비대칭성을 판

단하는데 이용하며 왜도가 0이면 분포의 산이 좌우 대칭이라는 뜻임. 왜도가 (+)값이면 분포의 산이 왼쪽으로 치우져 있고, (-)값이면 분포의 산이 오른쪽으로 치우쳐 있다는 의미가 됨.

학습활동

기술 통계법 도구를 이용하면 한 번에 평균이나 중앙값, 최빈값 등을 구할 수 있는데, 다음과 같이 남학생과 여학생의 점수 데이터를 이용하여 여러 가지 통계 분석 결과를 확인해보자.

① [데이터]탭-[분석]그룹-[데이터 분석]버튼을 클릭하고 [통계 데이터 분석] 대화상자가 나타나면 [기술 통계량]을 선택하고 확인 버튼을 누른다.

② [기술 통계법] 대화상자에서 입력 범위, 출력옵션, 요약통계량 옵션을 체크하고 확인 버튼을 누르면 여러 가지 통계 결과를 확인할 수 있다.

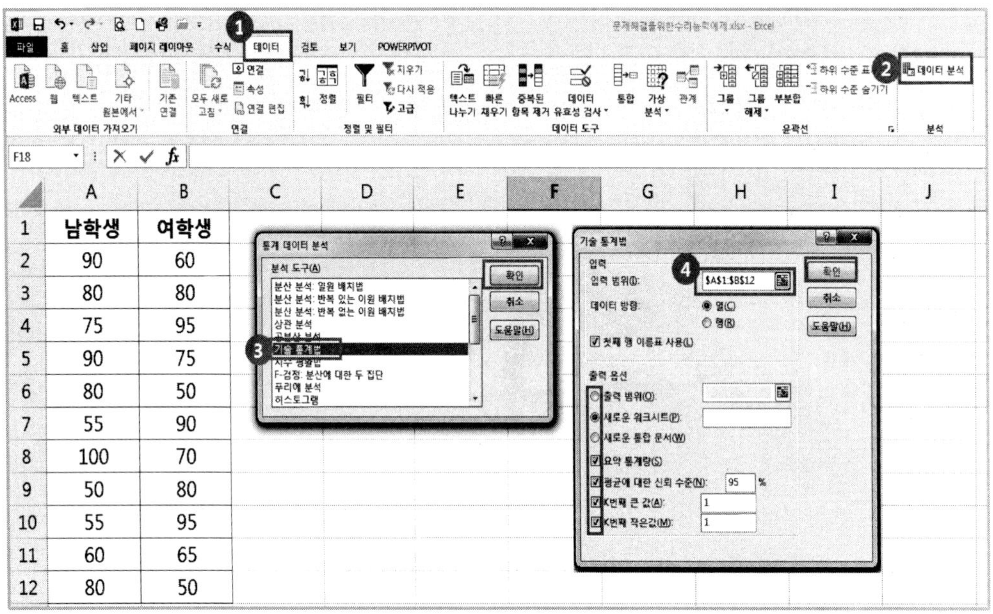

	A	B	C	D
1	**남학생**		**여학생**	
2				
3	평균	74.09090909	평균	73.63636364
4	표준 오차	5.037052792	표준 오차	4.912456759
5	중앙값	80	중앙값	75
6	최빈값	80	최빈값	80
7	표준 편차	16.70601416	표준 편차	16.29277587
8	분산	279.0909091	분산	265.4545455
9	첨도	-1.285000371	첨도	-1.158680686
10	왜도	-0.12137469	왜도	-0.148012205
11	범위	50	범위	45
12	최소값	50	최소값	50
13	최대값	100	최대값	95
14	합	815	합	810
15	관측수	11	관측수	11
16	가장 큰 값(1)	100	가장 큰 값(1)	95
17	가장 작은 값(1)	50	가장 작은 값(1)	50
18	신뢰 수준(95.0%)	11.22325302	신뢰 수준(95.0%)	10.94563576

[그림] 성별 기술통계법 분석결과 예시

참 고

엑셀프로그램에서 [데이터]탭에 [분석]그룹이 없다면 [빠른 실행 도구 모음 사용자 지정]-[기타 명령] 메뉴를 클릭하여 [Excel 옵션] 대화 상자를 열고, [Excel 추가기능]의 이동 버튼을 눌러 [분석 도구]항목을 체크하고 확인 버튼을 누르면 설치가 완료된다.

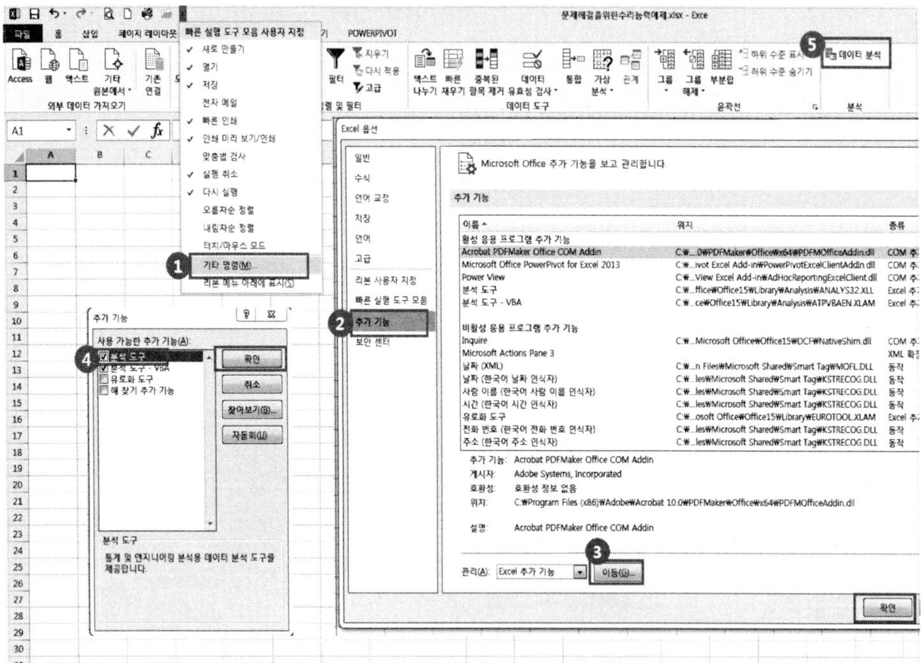

[그림] 기술 통계법 도구 추가 설치

2. 도표분석능력을 활용한 문제해결의 정보파악

직업인들은 업무보고서를 작성하거나 혹은 고객을 대상으로 하는 프레젠테이션 자료를 작성하는 경우 자료의 정확한 내용이해와 객관성을 돕기 위해 도표를 활용하곤 한다. 이때 다양한 종류의 표와 그래프를 읽고 해석하는 능력은 문제해결과 관련된 정보 분석 및 해결책에 큰 영향을 미치므로 필수적이다. 특히 단순한 수치만 읽어내는 것이 아니라 표와 그래프로부터 실제적인 의미를 찾아내고 향후 추이를 분석해내는 능력이 필요하다.

효과적으로 도표를 분석하기 위해서는 ① 요구되는 지식의 수준을 넓히고, ② 도표에 제시된 자료의 의미를 정확히 숙지하며, ③ 도표로부터 알 수 있는 것과 없는 것을 구별하고, ④ 총량의 증가와 비율의 증가를 구분하며, ⑤ 백분위수(크기 순으로 배열한 자료를 100등분 하는 수의 값)를 이해하고 활용할 수 있어야 한다. 백분점수의 큰 이점은 계산하기 쉽고 훈련 없이도 비교적 이해하기 쉬우며, 여러 종류의 원점수를 백분점수로 환산해 놓으면 서로 비교할 수 있다는 것이다. 백분점수는 개인의 점수를 표준집단에 비춘 상대적 위치를 알려줄 뿐, 개인 간의 점수 차를 양적으로 보여주지는 않는다.

학습활동

데이터의 양이 많은 자료에서 필요한 자료만을 쉽게 추출하기 위해 사용하는 기능이 엑셀에서 필터기능이다. 자동 필터 기능을 이용하면 상품 또는 고객 데이터의 입력 오류를 쉽게 찾을 수 있고 매출실적 전국 상위 10%, 목표달성률이 100% 이상인 우수 직원 선발 등 조건에 맞는 결과를 얻을 수 있다.

1) 자동 필터로 입력 오류 체크하기

데이터가 있는 셀 위치에서 [데이터]탭-[정렬 및 필터]그룹-[필터]버튼을 클릭한다. 예를 들어, 분류 항목에서 '통조림 식품'을 '가공 식품'으로 변경할 경우에 [분류] 필터 아이콘을 클릭하고 잘못 입력된 항목만을 선택한 다음 [확인]버튼을 누른다. 잘못 입력된 데이터의 내용을 수정하고 다시 [분류]필터 아이콘을 클릭하면 잘못 입력된 항목이 표시되지 않는다.

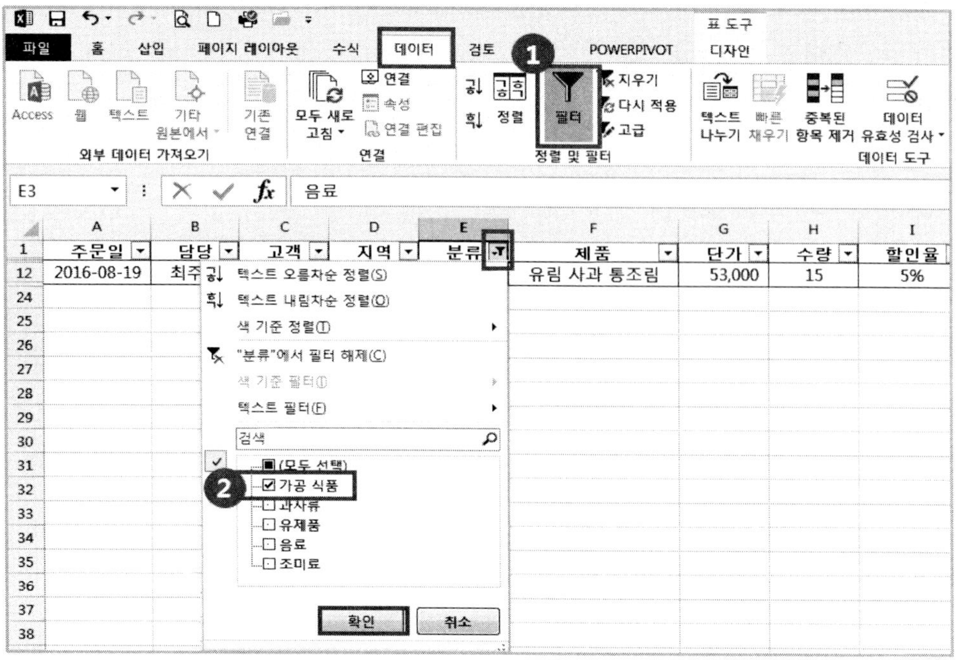

2) 매출실적 상위 10%의 제품현황 파악하기

필터가 적용된 상태에서 [매출]필터 아이콘을 클릭하고 [숫자 필터]에서 [상위 10] 메뉴를 선택하여 단위(%)를 체크한 후 [확인]버튼을 누른다.

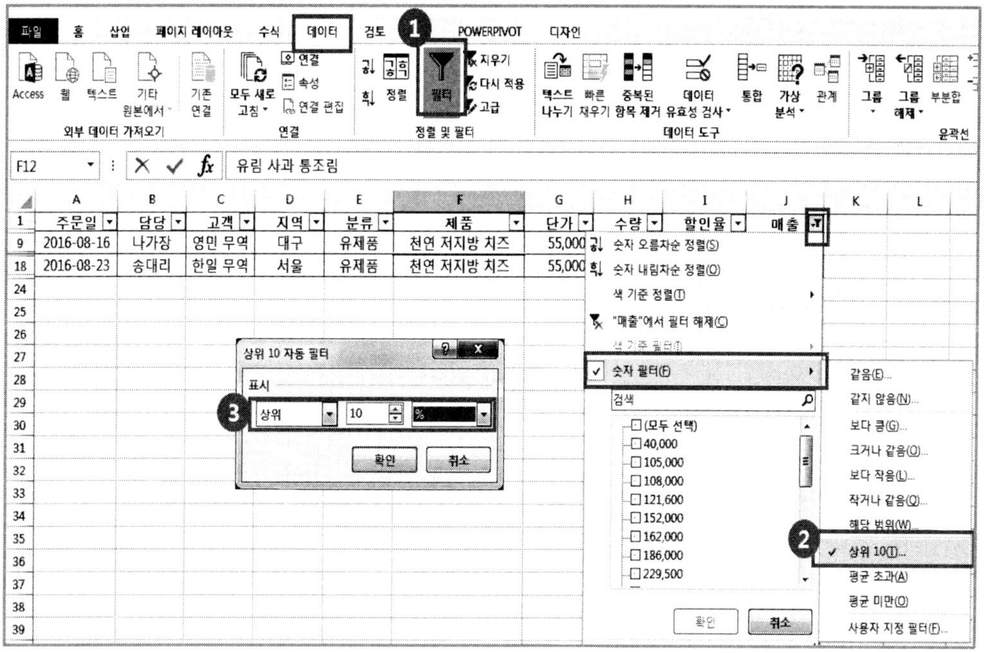

3) 목표 달성한 우수 사원수 구하기

다음은 표에서 조건을 만족하는 데이터가 몇 개인지 알아보는 엑셀 함수를 이용하여 목표달성률 100%에 도달한 우수 사원이 총 몇 명인지 구해보자.

먼저, [D3]셀에 들어갈 달성률(=판매실적/판매목표)을 계산한 뒤, [G3]셀에서 목표달성률이 100% 이상인 우수 사원이 몇 명인지 COUNTIF 함수를 이용해서 구할 수 있다.

	A	B	C	D
1	2016년 상반기 영업부 판매실적			
2	사원명	판매목표	판매실적	달성률
3	강하나	55,000	64,000	①
4	나두리	60,000	58,000	
5	도경희	62,000	60,000	
6	마주식	50,000	49,000	
7	라미정	70,000	69,000	
8	박정숙	55,000	60,000	
9	송미영	65,000	66,000	
10	안혜지	68,000	70,000	
11	이태욱	70,000	55,000	
12	장현철	69,000	60,000	
13	정민호	61,000	60,000	
14	최영우	58,000	60,000	
15	한윤도	56,000	55,000	

	F	G
2	목표달성률	100%
3	우수사원수	②

① 달성률=판매실적/판매목표
=C3/B3

② 우수사원수
=COUNTIF(D3:D15,">="&G2)

3. 도표작성능력을 활용한 문제해결의 정보전달

도표는 업무결과를 시각화하여 제시할 수 있게 해주는 주요한 수단으로 단순히 텍스트와 수치데이터 등을 나열하는 것이 아니라 복잡한 정보를 한눈에 보기 쉽도록 도식화화 하는 과정이 필요하다. 최근에는 언론 및 연구기관 등에서의 전문적인 내용 뿐 아니라 우리의 일상생활 속에서도 쉽게 찾아볼 수 있는 인포그래픽(information과 graphic의 합성어)을 활용한 도표 작성이 크게 증가하고 있다. 인포그래픽은 그림의 요소를 활용하여 전달하고자 하는 내용과 의미를 함축적, 상징적으로 전달하는 기법으로, 글로 소통하기 어려운 미묘한 내용, 감성, 뉘앙스 등의 전달도 적절한 시각적 표현방법에 의해 제작하여 전달할 수 있다. 이러한 인포그래픽을 활용한 도표작성은 SNS를 통해 공유가 쉽고 빠른 확산이 가능하여 강력한 정보전달의 효과를 가지고 있다.

학습활동

직장생활에서 작성되는 각종 보고서들은 정해진 형식틀 안에서 핵심결과와 주장 그리고 주장을 뒷받침할 수 있는 객관적인 근거를 포함해야 한다. 객관적인 근거 확보를 위해서는 자료 출처가 전문성과 신뢰성이 검증된 자료인지 확인이 필요하고, 국가통계포털 사이트나 통계분류포털, e-나라지표 시스템 등 공공기관에서 엄선한 통계자료를 이용할 수 있다.

다음은 국가통계포털에서 분기별 또는 매년 진행되는 각종 조사 및 통계를 무료로 열람하고 실시간 차트 및 엑셀 데이터 파일로 다운받아 그래프를 작성해보자.

① 독서 관련 통계자료를 찾기 위해 국가통계포털(http://kosis.kr)에 접속한다. [국내통계]-[주제별통계]에서 [교육 · 문화 · 과학]-[문화]-[국민독서실태조사]-[독서실태]-[독서장소(성인)]을 차례로 클릭한다.

② 독서장소(성인) 관련 통계자료가 검색된다. [다운로드] 아이콘을 클릭하여 엑셀 파일(*.xlsx)형태의 항목에 체크하고 [다운로드]버튼을 눌러 저장한다.

③ 다운로드한 파일을 실행하면 엑셀 프로그램이 열리면서 데이터와 메타정보 시트를 확인할 수 있다.

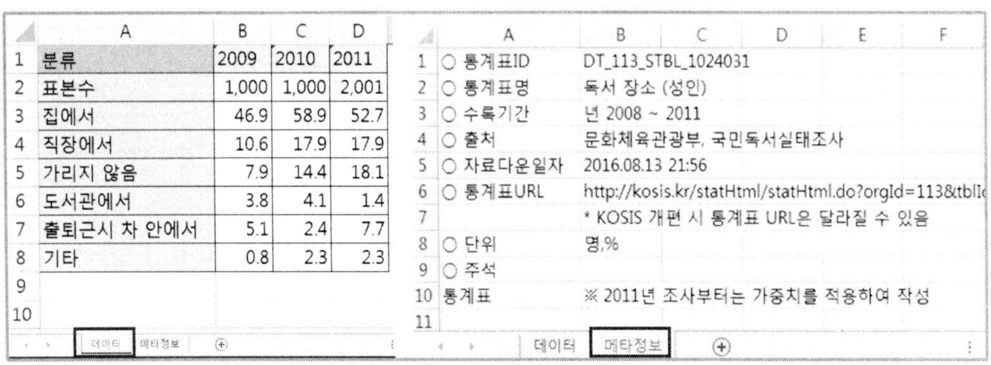

④ 연도별 독서장소 변화에 대한 추이를 도표로 작성하기 위해 표본수를 제외한 데이터 영역을 선택하고 [삽입]탭-[차트]그룹에서 [세로막대형 차트]를 삽입한다.

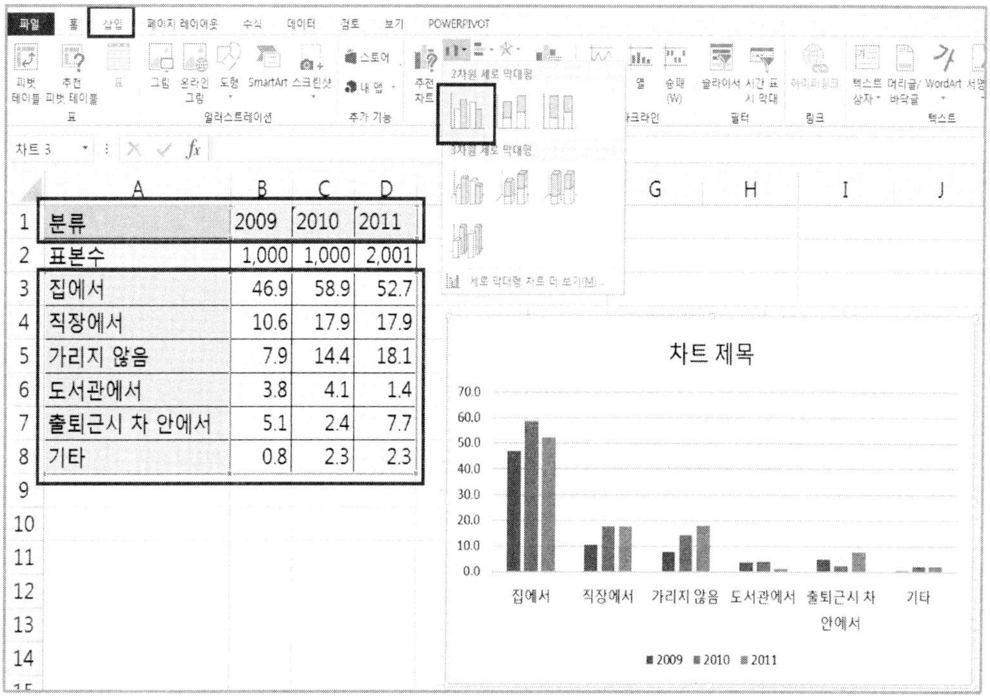

⑤ 완성된 차트를 복사(Ctrl+C)하여 파워포인트 프로그램을 열고 해당 슬라이드에 붙여넣기(Ctrl+V)한 후 불필요한 차트 구성요소(X축 이름, 눈금선 등)는 삭제하고 글자 서식변경 및 차트의 위치를 이동시킨다.

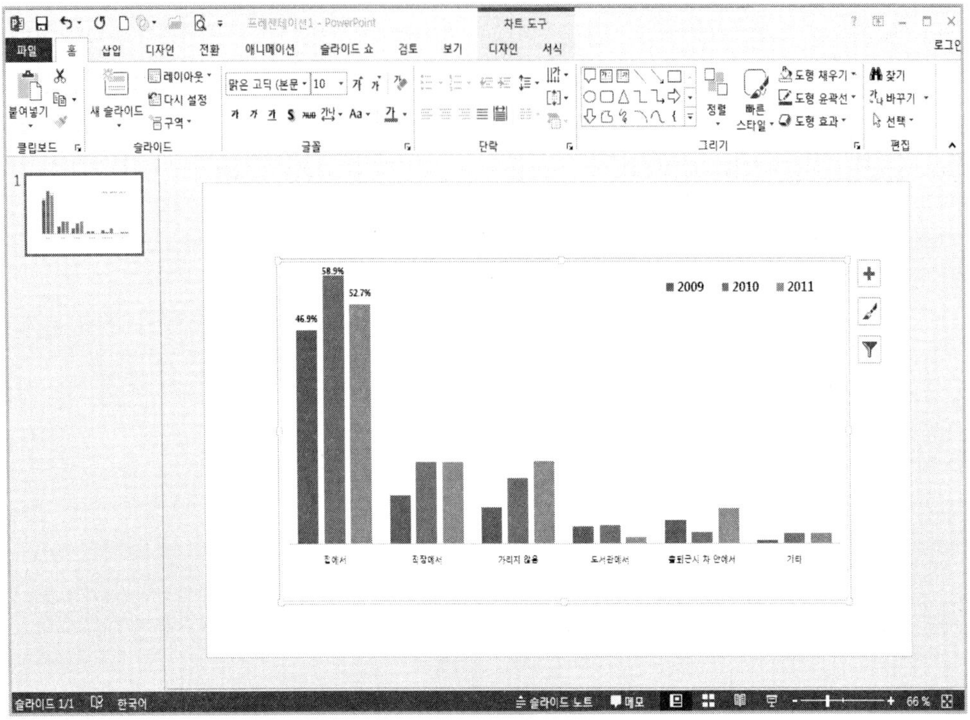

⑥ 인포그래픽에 주로 사용되는 무료 픽토그램 이미지 다운로드 사이트(https://thenounproject.com)에서 도표에 어울리는 이미지를 다운로드 한다. 이때 검색된 결과화면에서 [Download]버튼을 클릭해서 이미지를 저장하려면 회원가입을 해야 됨으로 검색된 이미지 화면 위에서 오른쪽 마우스 버튼을 클릭하고 '다른 이름으로 배경 저장'버튼을 누르면 별도의 로그인 없이 이미지를 다운받을 수 있다.

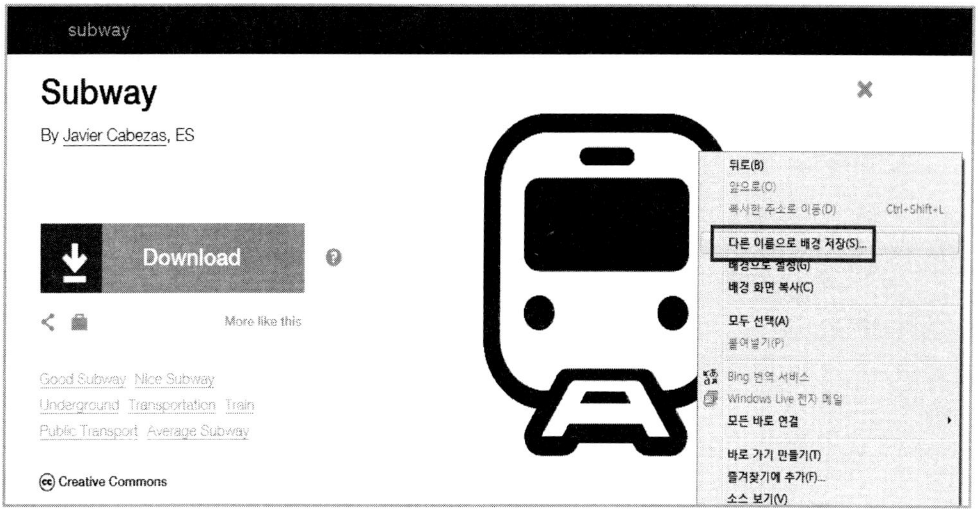

⑦ 기본 차트에 적합한 인포그래픽 이미지를 삽입하여 꾸미고, 차트제목 및 자료 출처에 대한 텍스트를 추가하여 도표작성을 완료한다.

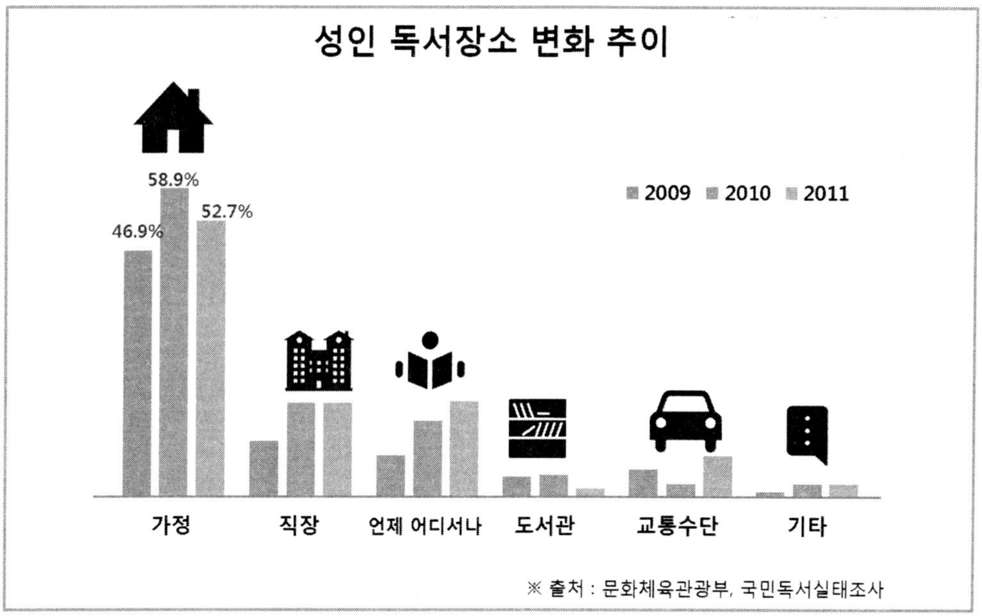

종합하기

1. 지방출장 중이던 직원이 노트북과 스마트폰을 휴대한 상황이라고 가정하고 아래와 같은 상황에 알맞은 정보수집 및 자료처리 방법을 탐색해보시오.

> 한 업체의 직원이 지방출장을 가던 길에 부서장에게 전화를 받았다. 그 내용은 거래업체 사장이 전화를 해서 생산 부품 A와 B의 재고가 얼마나 있는지, 그리고 그 중 30%를 선배송하고 70%는 일주일 후에 보내달라는 것이었다. 이에 그 직원은 회사에 전화하여 재고목록을 메일로 보내달라고 요청하여 받았다. 그런데 노트북을 통해 재고현황을 보니 여러 부품의 입출사항만 제시되어 있어 부품 A, B의 재고 여부를 파악하기 힘들었다. 이때 이 직원이 엑셀 기능을 활용하여 그 부품의 재고를 확인하고 부서장에게 보고하였다.

2. 다음 사례와 관련하여 물음에 답하시오.

> 대학생 A씨는 지난해 기업 공채에서 수차례 연이어 떨어진 이유를 자신의 SNS활동 탓이었다고 한다. 면접관들이 5년전 미국산 쇠고기 수입반대 촛불집회 현장에 앞장섰던 그의 모습이 찍힌 사진 등 자신의 트윗 흔적들을 인터넷을 통해 확인하였고 수배기록까지 보았다고 했다.

1) 위 사례는 EU(유럽연합 위원회)가 '잊혀질 권리'에 대해 주창하게 된 배경이기도 하다. '잊혀질 권리'란 무엇인지 간략하게 설명해보시오.

2) 최근 우리나라도 '잊혀질 권리'에 대한 관심이 커지면서 다양한 논의가 이루어지고 있다. '잊혀질 권리'의 법제화에 대한 장점과 단점에 비교표를 다이어그램으로 표현해보시오.

3. 아래의 견적서 엑셀문서에서 할인율과 증감률, 부가세, 견적총액을 계산하는 수식을 만들어 보시오.

	A	B	C	D	E	F
1	**견적서**					
2	총액				④	4,290,000
3	품명	수량	단가	할인율	금액	부가세
4	대륙 냉동 식품	40	63,000	① 21%	2,000,000	② 200,000
5	푸르미 밀가루	100	14,000	14%	1,200,000	120,000
6	썬 레몬 음료	10	18,000	44%	100,000	10,000
7	태양 가공 식품	30	20,000	0%	600,000	60,000
8	합계			③	3,900,000	390,000
9						
10	지난 견적 금액	증감률				
11	2,950,000	⑤ 45%				

① 먼저, 할인율을 구하기 위해서는 얼마나 할인해 주었는지 알아야 한다. 이 값을 알기 위해서는 받을 돈이 얼마였는지 계산해본다. =수량*단가

할인해 준 금액은 받을 돈에서 받은 돈을 빼면 된다. 이 금액을 받을 돈으로 나누면 할인율을 구할 수 있다. =((수량*단가)-금액)/(수량*단가)

② 부가세는 10%를 곱해서 계산하면 된다. =부가세*10%

③, ④ 합계 함수를 이용하여 금액, 부가세의 총액을 구한뒤, 견적 총액은 금액과 부가세를 모두 더해서 구한다. =SUM( )

⑤ 증감률은 지난 견적과 이번 견적을 비교해 증감률을 계산한다.

=(총액-지난 견적 금액)/지난 견적 금액

4. K무역회사는 한모씨의 예처럼 직원들의 사생활을 보호하기 위해 퇴근후 업무관련 메신저 사용 자제와 같은 사내 매뉴얼을 만들어 시행하려고 한다. 사내 매뉴얼의 내용을 인포그래픽 도표로 작성하되, '모바일 메신저'와 '업무' 관련실태 설문조사에 대한 연구기관의 자료 또는 뉴스 기사의 내용을 참고하여 조사 결과에 대한 그래프를 추가해서 완성하시오.

사원 한모씨는 4개월 전 미국에 화장품을 납품하는 중소기업 K무역회사에 입사했다. 그는 입사한 지 3일째 되는 날 잠을 자다 깜짝 놀랐다. 새벽 3시. 3통의 부재중 전화와 '보는 즉시 전화 요망'이라는 직속상사 P 대리가 보낸 메시지가 가득했다. 전화를 걸자 P 대리는 "한 시간 동안 뭐 했습니까! 물건 들어왔는데"라며 그를 닦달했다. 한 씨는 그날의 충격으로 매일 밤 깊게 잠들지 못하고 틈만 나면 메신저를 확인하는 강박증까지 생겼다. 새벽에 오는 메신저 알림으로, 스마트폰 화면에 불이 들어올 때마다 그의 아내가 잠에서 깨고 갓 돌이 지난 아이가 울어 곤혹스럽다. 아내는 밤낮없이 일만 하냐며 바가지를 긁고, 회사에서는 답이 늦다며 쪼아대니 잠적이라도 하고 싶은 심정이다.

참고문헌

고수일(2015). 액션러닝으로 배우는 성공적인 조직생활 전략. 서울: 소리내.

고스펙 신입 vs 저스펙 상사(2014). http://goo.gl/Iimz2r.

고용노동부(2016). 국가직무능력표준(NCS) 고시. 세종: 고용노동부.

국립특수교육원(2009). 특수교육학 용어사전. 서울: 하우.

기획재정부(2010). 시사경제용어사전.

김규태, 강유정, 강성복(2014). 교육행정 및 교육경영. 파주: 양서원.

김기영(2008). 창의력 문제해결의 힘. 서울: 위즈덤하우스.

김달원(2016). 보고서의 정석. 서울: 나비의 활주로.

김상수(2009). 문제해결노하우1,2. 서울: 고려아카데미컨설팅출판부.

김성호(2012). 답을 내는 조직(방법이 없는 것이 아니라 생각이 없는 것이다). 서울: 쌤앤파커스.

김한솔(2016). 1% 디테일(성공적인 조직 커뮤니케이션의 비결). 서울: 책으로 여는 세상.

김환표(2013). 트렌드 지식 사전. 서울: 인물과사상사.

노경주(2002). 비판적 사고: 패러다임과 개념. 사회과교육, 41(1), 55-73.

두산백과(2016). 브레인스토밍, http://goo.gl/aUdhkv.

롤프 도벨리(2012). 스마트한 생각들. 서울: 걷는나무.

박유진(2011). 리더십 마인드 액션. 서울: 양서각.

박인숙(2010). 메타인지기능을 강화한 과학 창의적 문제해결능력 신장 프로그램 개발과 적용. 박사학위논문, 이화여자대학교.

방선희(2011). 비판적 사고 교육의 국내 연구동향과 시사점. 평생학습사회, 7(1), 61-83.

방송통신위원회(2012). 안전한 모바일 오피스 도입과 운영을 위한 정보보호 수칙. http://goo.gl/zu6Vr3.

백기복, 신제구, 김정훈(2009). 리더십의 이해, 서울: 창민사.

서울대학교 교육연구소(2011). 교육학용어사전. 서울: 하우.

서응교, 전은화, 정효정(2016). 대학생 창의역량 개발을 위한 디자인씽킹 기반 강좌 개발. 학습자중심교과교육연구, 16(4), 693-718.

손영화(2016). 인관관계심리학. 서울: 학지사.

송병식(2005). 직무특성과 혁신행동간 창의성의 매개효과에 대한 탐색적 연구. 대한경제학회지, 51(8), 1483-1503.

스마트시대 위기극복을 위한 제언(2015). http://tvcast.naver.com/v/374349.

스튜어트 다이아몬드(2011). **어떻게 원하는 것을 얻는가**. 서울: 8.0.

스티브 로빈스, 티모시 저지(2013). **조직행동론**. 서울: Pearson.

아사다 스그루(2016). **종이 한 장으로 요약하는 기술 1Page**. 서울: 시사일본어사.

앤서니 웨스턴(2010). **논증의 기술**. 서울: 필맥.

양경란, 문석찬, 한규하, 박소현(2015). 디자인 씽킹, 새로운 패러다임의 전환. *Entrue Journal of Information Technology, 14*(3), 7-24.

오이시 데츠유키(2011). **생각의 기술**(복잡한 문제를 간단하게 풀어주는). 서울: 아이소.

요시자와 준토쿠(2015). **보고서 작성 원리 70**(전문 컨설턴트의 보고서 작성법). 서울: 길벗.

우종민(2013). **우종민 교수의 심리경영 최고의 리더는 마음속 아이를 읽는다**. 서울: 해냄출판사.

위키피디아(2016). 창의적 문제해결(https://goo.gl/ZkWAlT), 창의적 문제해결 과정 (https://goo.gl/Fz3wGi), 트리즈(https://ko.wikipedia.org/wiki/TRIZ).

윤신례(2014). **엑셀데이터분석 바이블**. 서울: 영진닷컴.

이석재, 장유경, 이헌남, 박광엽(2003). **생애능력측정도구 개발연구**. 서울: 한국교육개발원.

이소영(2015). 학습동기와 자율성이 직업전문학교 학생들의 직무창의성과 학습만족도에 미치는 인과구조적 영향. 박사학위논문, 홍익대학교.

이신동(2002). 대학생용 창의적 성격 검사 개발 및 타당화 연구. **교육심리연구**, 16(2), 43-61.

이종범, 정철영, 김진모, 김재겸, 주인중, 임경범(2008). **직업기초능력 수준별 성취기준 개발**. 서울: 한국직업능력개발원.

이철수 외(2009). **사회복지학사전**, 서울: Blue Fish.

이혜경(2014). PMI기법과 트리즈를 적용한 심벌마크디자인 교육에 관한 연구. 석사학위논문, 부경대학교.

이희환(2013). 직장인들을 대상으로 직무성과, 창의성, 그리고 조직몰입의 관계에 대한 탐색연구. 석사학위논문, 한양대학교.

임성재(2007). **사회용어사전**. 서울: 신원문화사.

장경호(2015). **직장인을 위한 실무 파워포인트 2013**. 서울: 길벗출판사.

전산용어사전편찬위원회(2011). **컴퓨터인터넷IT용어대사전**. 서울: 일진사.

정은이, 박용한(2002). 일상적 창의성 척도의 개발 및 타당화. **교육문제연구**, 17, 155-183.

정진호(2015). **비주얼 씽킹**. 서울: 한빛미디어.

정철영(1998). 직업기초능력에 관한 국민공통 기본교육과정 분석. **농업생명과학연구**, 2, 323-326.

제이콥 모건(2015). 직장인 미래수업(미래 비즈니스 환경의 5가지 트렌드). 비전코리아.

주인중, 박동열, 진미석(2010). 직업기초능력 영역 및 성취기준 연구. 서울: 한국직업능력개발원.

진미석, 옥준필, 채창균, 최동선, 유한구, 이성, 이수영, 박천수(2007). 대학생 직업기초능력 선정 및 문항개발연구. 서울: 한국직업능력개발원.

최정락, 유태용(2012). 성격과 직무수행 간의 비선형적 관계: 직무창의성의 조절효과. 한국심리학회지: 산업 및 조직, 25(2), 299-324.

최준선(2012). 회사에서 바로 통하는 엑셀 실무 데이터 분석. 서울: 한빛미디어.

최홍원(2010). 문제 해결적 사고에 대한 문학교육적 탐색. 국어교육연구, 26, 237-267.

코치 카터의 설득(2005). https://goo.gl/Vb1Vmb.

피터 센게(2014). 학습하는 조직. 서울: 에이지21.

하워드 가드너(1993). 마음의 틀. 서울: 문음사.

한가늠, 주인식, 구기모, 엄동현(2015). 최고의 인재들은 어떻게 일하는가 스마트워크 200% 업무 활용법. 서울: 새로운제안.

한국교육심리학회(2000). 교육심리학용어사전. 서울: 학지사.

한국능률협회(2015). 문제해결유형 진단.
http://www.kmac.co.kr/knowledge/read.asp?board_kind=2&pk=2311.

한국저작권위원회. http://www.copyright.or.kr.

한국정보통신기술협회(2016). 정보통신용어사전. http://word.tta.or.kr/main.do.

행정학용어 표준화연구회(2010). 이해하기 쉽게 쓴 행정학용어사전. 새정보미디어.

홍아정, 조윤성, 박치경(2015). 대학생 NCS 직업기초능력 특성 및 유형 탐색. 교육학연구, 53(2), 389-417.

홍장표(2015). 보고서 작성의 기술 with 파워포인트. 서울: 한빛미디어.

Adler, R. B., & Proctor, R. F.(2015). 인간관계와 의사소통의 심리학. 파주: 교육과학사.

Amabile, T. M., Conti, R., Coon, H., Lazenby, J., & Herron, M.(1996). Assessing the work environment for creativity. *Academy of Management Journal, 39*(5), 1154-1184.

Boyatzis, R. E., Saatcioglu, A.(2008). A 20-year view of trying to develop emotional, social and cognitive intelligence competencies in graduate management education. *Journal of Management Development, 27*(1), 92-108.

Fogler, H. S., & Leblanc, S. E. (2008). 창의적 문제해결과 전략. 서울: 진샘미디어.

Herzberg, F.(1968). One more time: how do you motivate employees? Harvard Business

Review, 46, 53-62.

Hoy, W. K. & Miskel, C. G.(2013). *Educational administration*(9th ed.). New York: McGraw-Hill.

HRD 용어사전(2010). http://www.hrdkorea.com.

HR Institute.(2005). 좋은 컨셉은 어떻게 만들어지는가. 서울: 거름.

Kahney, H.(1986). Problem solving: A cognitive approach. *Milton Keynes*, Philadelphia: Open University Press.

Lucas, R. W.(1998). 고객서비스 어떻게 할 것인가. 서울: 석정.

Maslow, A. H.(1968). *Toward a Psychology of Being*. New York: D. Van Nostrand Company.

NCS 매뉴얼(2015). 직업기초능력 교수자용, 학습자용 자료.
http://www.ncs.go.kr/ncs/page.do?sk=P1A4_PG09_005.

Owens, R. G., & Valesky, T. C.(2011). *Organizational behavior in education: Leadership and school reform*. New York: Pearson.

pmg 지식엔진연구소(2008). 시사상식바이블. 서울: 박문각.

Reece, B. L., & Brandt, R.(2002). Effective human relations: Personal and organizational applications(8th ed.). Boston: Houghton Mifflin.

Robbins, S. P., & Hunsaker, P. L. (2006). TIPS 관리혁신을 위한 대인관계 스킬. 서울: 시그마프레스.

Sternberg, R. J., & Grigorenko, E. L.(2013). 학생의 학습능력과 삶에서의 성공을 위한 성공지능 가르치기. 박성옥, 양연숙 역. 파주: 교육과학사.

Tardif, T. Z., & Sternberg, R. J.(1988). What do we know about creativity? In R. J. Sternberg(Ed.), *The nature of creativity*(pp. 429-440). Cambridge: Cambridge University Press.

Woodman, R. W., Sawyer, J. E., & Griffin, R. W.(1993). Toward a theory of organizational creativity. *Academy of Management Review, 18*(2), 293-321.

【 저자 소개 】

이애화

계명대학교 컴퓨터공학과(학사)
계명대학교 전산교육학 전공(석사)
계명대학교 교육공학 전공(박사)
현재 계명대학교, 대구보건대학교 강사

〈저서 및 논문〉

능력중심 사회의 NCS기반의 정보능력과 수리능력
국내 대학생 핵심역량과 그 진단도구에 대한 연구동향 분석(교육공학연구, 2014)
디지털 리터러시 교육을 위한 디지털 역량의 개념적 특성과 한계(교육문화연구, 2015)

능력중심사회 NCS기반의 문제해결능력

1판 1쇄 인쇄 – 2016년 8월 25일
1판 1쇄 발행 – 2016년 8월 30일

저 자 - 이 애 화
발 행 인 - 강 철 원
발 행 처 - 양 성 원
주 소 - 경기도 파주시 월롱산로 71(야동동)
전 화 - 031-946-3861(代)
팩 스 - 031-946-3864
이 메 일 - tnwpub@naver.com
출판등록 - 2015년 8월 31일 제 2015-000211 호

ISBN 979-11-87118-80-0

정가 17,000원

※ 저자와 협의하여 인지는 생략합니다.
※ 저작권법 제136조(권리의 침해죄)에 따라 위반자는 5년 이하의 징역 또는 5천만 원 이하의 벌금에 처하거나 이를 병과할 수 있습니다.